内蒙古财经大学实训与案例教材系列丛书
丛书主编　金　桩　徐全忠

旅行社管理信息系统

王香茜　编著

中国财经出版传媒集团
经济科学出版社
Economic Science Press

图书在版编目（CIP）数据

旅行社管理信息系统/王香茜编著. —北京：经济科学出版社，2018.12

ISBN 978-7-5218-0059-3

Ⅰ.①旅… Ⅱ.①王… Ⅲ.①旅行社-管理信息系统 Ⅳ.①F590.654-39

中国版本图书馆 CIP 数据核字（2018）第 283387 号

责任编辑：于海汛　李　林
责任校对：蒋子明
责任印制：李　鹏　范　艳

旅行社管理信息系统

王香茜　编著

经济科学出版社出版、发行　新华书店经销
社址：北京市海淀区阜成路甲 28 号　邮编：100142
总编部电话：010-88191217　发行部电话：010-88191522
网址：www.esp.com.cn
电子邮件：esp@esp.com.cn
天猫网店：经济科学出版社旗舰店
网址：http://jjkxcbs.tmall.com
北京密兴印刷有限公司印装
787×1092　16 开　6.75 印张　150000 字
2019 年 6 月第 1 版　2019 年 6 月第 1 次印刷
ISBN 978-7-5218-0059-3　定价：26.00 元
（图书出现印装问题，本社负责调换。电话：010-88191510）
（版权所有　侵权必究　打击盗版　举报热线：010-88191661
QQ：2242791300　营销中心电话：010-88191537
电子邮箱：dbts@esp.com.cn）

前　言

21世纪是一个以网络计算机为核心的信息时代，随着"智慧旅游"的深入发展，旅游行业信息化水平呈现整体提高的状况，这对旅游业的管理产生了深刻影响。为了适应市场环境及旅游业发展的趋势，旅游管理专业的学生必须学习信息管理的系统知识，掌握信息管理的方法及旅游管理信息系统的知识架构。

旅行社管理信息系统是旅游管理专业的技术基础课，是旅游管理与信息管理的交叉课程，具有较强的应用性。通过本课程的学习，可以使学生深入了解旅游信息化的基本思想，理解把计算机技术引入旅行社经营管理过程的必要性和必然性，掌握现代旅行社信息管理的基本原理、基本组成、一般使用方法并树立科学的管理理念，为进一步学习其他专业课和为日后的实际管理工作奠定坚实的理论和初步的开发基础。

本书在写作过程中，既考虑旅行社管理信息系统的理论知识，又考虑旅游管理专业和旅游信息化发展的特点，在内容安排上分为两篇七章，并依次递进（基本概念–技能应用–设计理念）。具体来说，上篇是旅行社管理信息系统基础知识，以及旅行社管理信息系统软件操作，主要包括基础数据设置管理、业务流程数据设置管理、财务数据设置管理、查询预订设置管理、综合设计实验；下篇是旅行社管理信息系统规划设计，主要是在旅行社现状和需求分析的基础上，基于旅行社业务流程、数据流程进行的旅行社管理信息系统设计的基础性学习。本书不局限于表面现象，而是透过现象，着重于学生发现问题、分析问题和解决问题的思路及方法。

实验教学是培养学生具有创新精神的应用型人才的重要教学支撑，也是学校为学生提供实践环境的重要训练基地之一。2007年，内蒙古财经大学经济管理实验实训中心被教育部列为国家级实验教学示范中心。2008年，学校启动了各专业实验课程建设工程，积极支持和推进各教学单位开发和建设实验课程。"旅行社管理信息系统"就是这时开始建设的。该实验课程在十年的建设发展中，可初步划分为两个阶段。初成阶段：包括软件选择、实验课程教学大纲、教材、实验流程、实验教学管理等的建设；利用实验实训中心平台和软件，对学生进行基本操作训练。提高阶段：经过初期的教学实践，逐步进入到提高阶段，这时我们开始两种不同软件的比较学习，学生视野得到拓宽，教学体系也更加完善。

在教学的过程中，作者积极进行相关研究，以科研驱动教学。曾获批校及省级课题四项，分别是"旅行社管理信息系统"实验课程建设研究、旅行社经营管理实验教学的数据库开发与应用、基于网络环境下的旅游管理人才实践能力培养研究、旅游信息化实验课程教学模式改革研究。

限于作者的水平和经验，书中的缺点和不足在所难免，敬请读者和学校的广大师生批评指正！

王香茜

2018 年 8 月 27 日

目 录
CONTENTS

上篇　旅行社管理信息系统概述及软件操作

第一章　旅行社管理信息系统概述 ·· 3
　　第一节　旅行社管理信息系统的概念和功能 ·································· 3
　　第二节　旅行社管理信息系统结构及目标 ······································ 7

第二章　基础数据设置管理 ·· 13
　　第一节　基础数据的设置及管理 ·· 14
　　第二节　系统设置 ·· 16
　　第三节　基本资料设置 ·· 17

第三章　业务流程数据设置管理 ·· 23
　　第一节　线路管理 ·· 23
　　第二节　报价计划 ·· 26
　　第三节　接待计划 ·· 33

第四章　财务数据设置管理 ·· 45
　　第一节　单团核算 ·· 45
　　第二节　财务核账 ·· 54
　　第三节　财务结算 ·· 59

第五章　综合设计实验 ·· 61
　　第一节　软件的特点 ·· 61
　　第二节　综合实验 ·· 63
　　练习思考题 ·· 71

下篇　旅行社管理信息系统规划设计

第六章　旅行社管理信息系统设计分析 ········· 75
第一节　旅行社管理信息系统现状 ········· 75
第二节　旅行社管理信息系统设计的要求 ········· 79

第七章　旅行社管理信息系统设计 ········· 83
第一节　旅行社业务流程 ········· 83
第二节　旅行社数据流程 ········· 87
第三节　旅行社数据库设计 ········· 92
练习思考题 ········· 97

参考文献 ········· 100

上篇　旅行社管理信息系统概述及软件操作

　　旅行社管理软件对于提高旅行社管理水平起到基础作用。旅行社管理信息系统是针对旅行社业务，以产品研发、产品销售、计调操作、财务管理、决策分析为一体的、全方位的旅游企业综合信息管理系统，可以帮助旅行社在客户信息、资源采购、业务操作、单团结算、账款收付等多方面进行综合地管理，是一套为旅行社量身定制的旅行社企业ERP。

　　旅行社管理信息系统具有功能齐全，模块化结构，高度集成，统一控制，集团运作，分级管理，资源共享，集中采购，快速高效，网络销售，拓展市场等功能。

　　本篇对旅行社管理信息系统进行概述，之后以两个旅行社管理软件为基础，通过基本操作学习和综合操作，比较两个软件的不同及软件模块设计的发展变化。

第一章　旅行社管理信息系统概述

旅行社管理信息系统的设计必须围绕旅行社的经营特点进行，目的是为旅游者提供完美服务，以提高旅行社的经营管理效率和市场竞争能力。更进一步说，是通过旅行社信息化管理来规范旅游市场，提高旅游团队服务质量，保障游客合法权益，提升应急管理服务水平。

目前的旅行社管理信息系统大多数以 Windows 操作平台为基础，也有以 Unix 操作平台为基础的系统。新一代的旅行社管理信息系统是基于因特网、采用 Web 技术的开放型信息系统，即基于 Web 的旅行社管理信息系统。

第一节　旅行社管理信息系统的概念和功能

一、旅行社管理信息系统概念

旅行社管理信息系统（Travel Agency Management Information System，TAMIS）是指利用计算机技术和通信技术，对旅行社经营的所有信息进行综合管理和控制的以人为主的人机综合体。

具体说，旅行社管理信息系统是对旅行社管理中的信息流、客流、物流、钱流及其综合运作机制，进行数字化建模、系统分析的计算机管理信息系统。可以对所有经营、管理和执行信息进行集中管理，并随时查询、统计、汇总、预测、决策、报表、归档、备份和交换业务信息。旅行社管理信息系统可以给旅行社带来先进的、信息化业务管理方案，通过增强旅行社的灵活性、预见性和计划性，既提升管理水平，又提升旅游者服务品质，同时降低管理成本，提高运营效率；不仅是旅行社服务实现数字化管理的有效途径，也是管理方式从经验型向数字型转化的方向，具体见图 1-1。

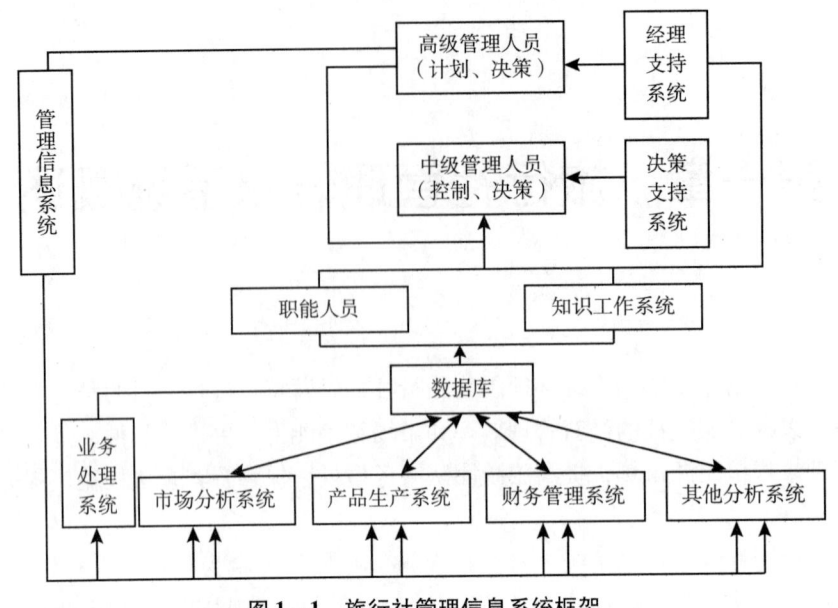

图 1-1 旅行社管理信息系统框架

二、旅行社管理信息系统特点

旅行社管理信息系统的功能包括线路管理、报价管理、接待管理、单团核算、成本核算、财务管理、客服管理、信息管理等内容，接待游客的每一笔业务都涉及企业各管理部门。旅行社管理信息系统的特点主要有如下几点。

1. 信息量大、信息更新快

随着旅行社业务的不断扩展，旅行社管理涉及的信息量越来越大，旅行社业务操作中涉及的各种收支情况、客户情况以及旅游线路情况越来越复杂，业务操作人员需要处理更多的内容，遗漏信息的现象更容易发生，同时也带来出错率的增长。另外，业务部门之间、业务部门和财务部门之间的信息交流也越来越繁杂。随着业务的增长，旅行社远程代办点的增多，部门领导和公司领导也难以清晰、实时地了解团队和部门的运营状况，不利于及时发现问题、改善管理、准确决策。作为一个旅行社，所收集的旅游产品信息越多，旅游消费者获取满意产品的概率就越高。而且旅行社经营的产品涉及饭店、旅游景点、旅游交通、旅游用品等行业，相关信息处在不断变化之中，时效性很强。旅行社管理信息系统需要时时刻刻变更系统中的信息，把最有效的旅游信息介绍给旅游消费者。

2. 信息处理复杂、需要各部门通力协作

旅行社是旅游产品销售的中间商，其工作主要是推销、组织、销售旅游产品，为旅游消费者提供服务。旅行社在组织旅游时会向饭店、交通公司、景点、餐饮等企业传递大量有关游客的游、乐、玩、食、住、行等方面接待信息和需求信息。旅行社的每一笔业务都必须通过各个部门的协作来完成，如一个旅游产品的销售，需经过外联、接待、陪同、财务结算等环节，要求旅行社管理信息系统有很强的交叉处理信息的能力，实现数据链的无缝连接。

3. 较强的个性化处理能力

现代的旅行社管理信息系统还要能将提供个性化服务，利用 Internet 网络技术和信息处理技术，为个性化旅游提供个性化的服务。如旅行社可向旅游者分类提供超大量的旅游信息，旅游者在网上查询自己感兴趣的有关旅游产品各类要素的信息，旅行社提供必要的组团指导服务，就会形成因团而异、因人而异的个性化旅游产品。

除以上特点，还应该具备能够实现全方位的管理；能够易学易用，操作方便；应拥有优越的网络性能；应能够提供全面的旅游行业基本信息；能够以财务核算为基础，实现成本控制，见图 1-2。

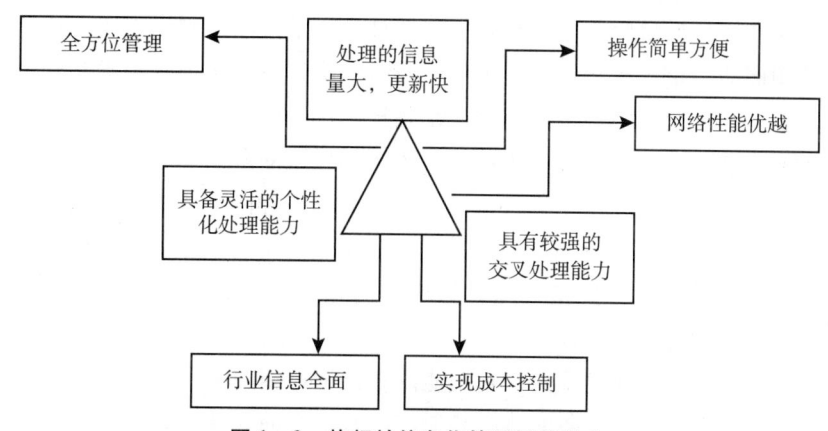

图 1-2　旅行社信息化管理树状特点

三、旅行社管理信息系统的功能需求

分析旅行社管理信息系统的功能需求，必须有旅行社管理人员参与，在一定的系统环境条件下进行。旅行社管理信息系统的信息服务主要是以旅行接待和内部管理为目的，不考虑旅行社管理信息系统与外部网的连接。如果采用 Internet 网络，企业内部建立 Web 服务器，则需要考虑与外部网连接的功能需求。此处仅考虑旅行社内部网络的功能需求，即围绕旅行社的基本业务，如旅游产品开发、旅游产品促销、旅游产品销售、旅游接待服务、旅游的售后服务等环节。旅行社管理信息系统必须能够满足以下功能需求。

1. 行政管理

系统应具有高度集成的功能，能够有效管理、控制不同类型、不同规模和不同地区的分支营业部，同时能够有效地汇总各旅行社的数据信息，有效地整合和共享旅游信息资源。

2. 财务管理

系统能够对旅行社实施有效地管理和监控，有助于加强对旅行社的财务控制，及时掌握准确的财务数据，能够提高管理和分析的效率，实现高效、全面的管理，能够制定科学、及时的资金运营和调配决策，提高资金流动的灵活性和安全性，提高资金管理和使用效率。

3. 业务管理

系统能对整个旅游操作流程进行分级审批和管理，能够制定出团计划、线路安排，对产品要素供方（票、房、餐、车）发送系列化标准预订单和确认书，核对出团计划，委派全陪、导游跟团组织旅游活动，将供方确认书等相关结算材料提交财务结算部门。

具体包括如下内容：

（1）组团职能。负责收集市场信息，组织开发旅游产品，制订组团接待计划。

（2）接团职能。负责团队的接待工作，及时解决接待中出现的异常问题。

（3）导游职能。根据客户要求，合理配备导游员，具体做好接待工作。

（4）散客职能。主要为游客提供小包价为主的旅游服务。

（5）交通职能。负责联系车辆运输部门，准时出票和团队行李的运送。

（6）计调职能。做好接待团队计划，具体落实旅游中的票、房、车、餐等内容。

（7）综合业务职能。主要是管理各种价格信息，负责对价格进行审批、检查、监督，并对旅游市场进行调研和分析。

不同旅行社由于经营规模不同，其功能需求也是不相同的，有的虽然具备相同的功能，但由于规模的不同，其职能的范围和形式都有很大的差异。如组团功能，由于经营规模的不同，其所需的功能需求也不一样。

旅行社管理信息系统在满足了以上旅行社业务处理的功能需求外，还必须具备对数据资源信息、客户资源、旅行社物资供应链进行管理与利用的功能。目前大部分的旅行社管理信息系统仅能完成旅行社的业务处理，在企业客户资源管理、产品开发以及供应链管理等方面功能还不够完善，在面向未来的旅行社管理信息系统中，必须进一步满足这些功能需求。

除此以外，旅行社管理信息系统还必须包含内部管理的功能需求，具体如下：

（1）办公室管理。主要处理日常办公事务，如文件、档案的管理，经营协调的处理等。

（2）人事管理。主要处理人事方面的事务，如培训记录、晋升记录、奖励记录等，也包括工资管理等内容。

（3）外联管理。主要处理和协调旅游服务中需要其他单位配合的一些事务，记录有关外联的一切数据信息。上述内容见图1-3。

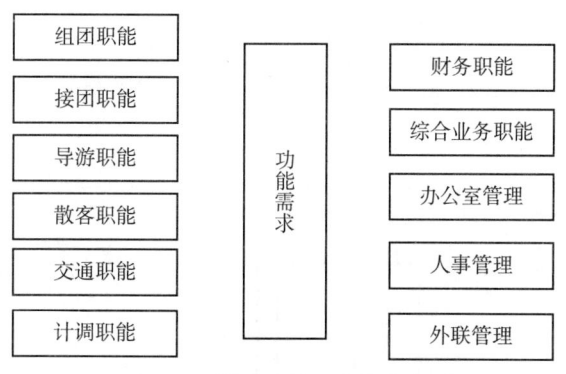

图 1-3　管理信息系统功能需求

第二节　旅行社管理信息系统结构及目标

一、旅行社管理信息系统的结构

任何一个信息系统都具有一定的结构，旅行社管理信息系统也不例外。一般来说，旅行社管理信息系统的结构是指各部件构成的框架，对部件不同的理解就构成了不同的结构方式。一般可以分为概念结构、功能结构、软件结构和硬件结构等四种方式，如图1-4所示。

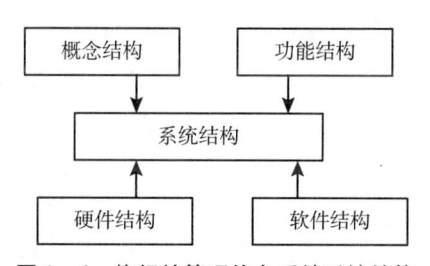

图 1-4　旅行社管理信息系统系统结构

（一）概念结构

概念结构是指旅行社管理信息系统，该系统由信息源、信息处理器、信息用户、信息管理者四个部件组成。它是从理论的角度看待信息系统的组织结构，见图1-5。

（二）功能结构

功能结构是从系统使用者的角度出发，认为系统有一个目标，有多种功能，各种功能之间又有各种信息的联系，构成一个有机结合的树型结构整体，见图1-6。

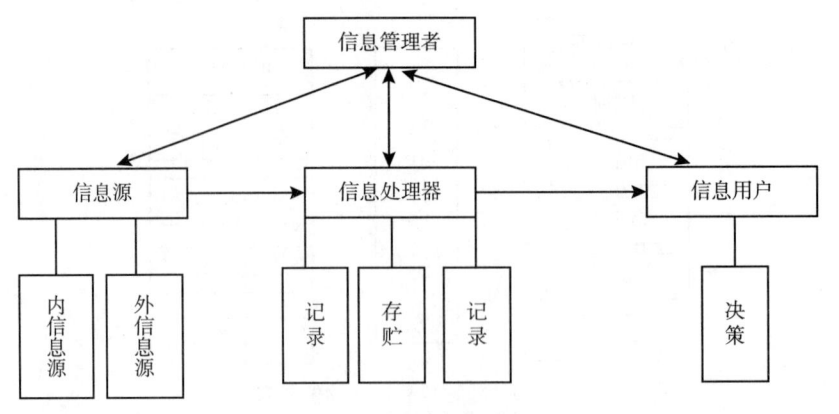

图 1-5　旅行社管理信息系统概念结构

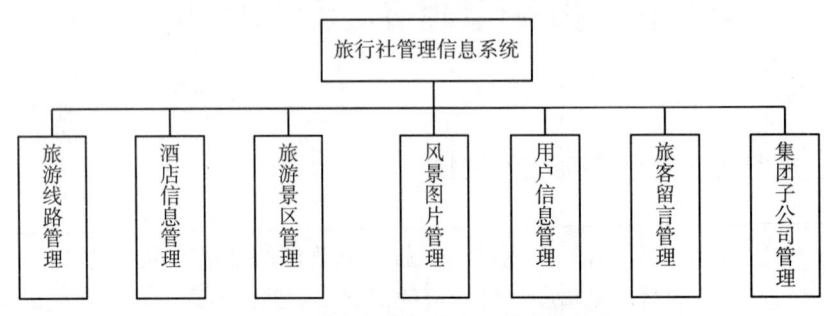

图 1-6　旅行社管理信息系统功能结构

（三）硬件结构

旅行社管理信息系统硬件结构就是系统的硬件组成及其连接方式，包括硬件的物理位置安排、网络布线以及各办公室的计算机平面安排，见图 1-7。

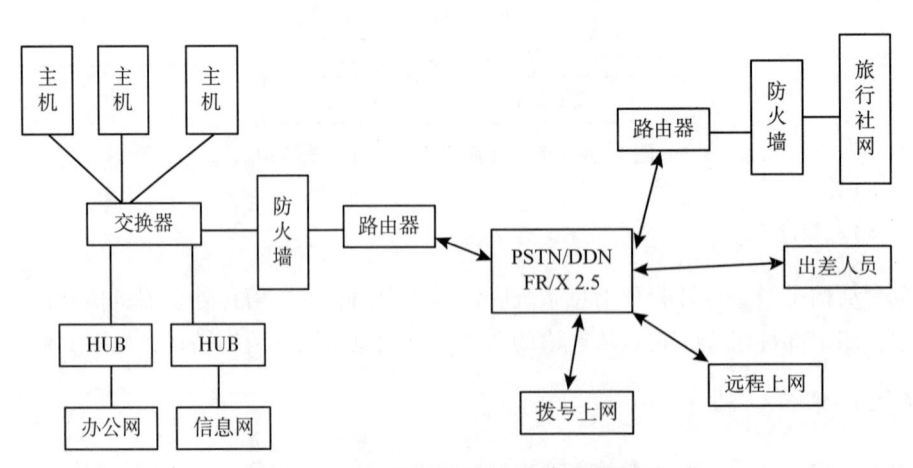

图 1-7　旅行社管理信息系统硬件结构

（四）软件结构

软件结构是从软件开发技术人员的角度出发，认为系统由许多不同软件模块组成，把各个功能模块和文件数据组合起来，构成一个功能矩阵图就形成了系统的软件结构。从软件结构的角度看，一个信息系统是由许多个功能模块文件和数据文件构成的，见图1-8。

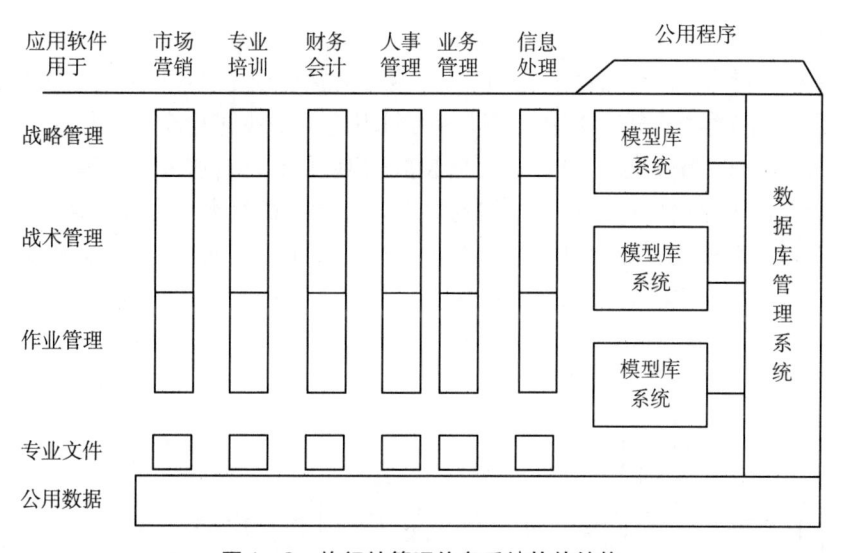

图1-8 旅行社管理信息系统软件结构

二、旅行社管理信息系统设计目标和平台模式

（一）设计目标

1. 系统功能

具有完善的综合性、整体性、灵活性、可靠性，结构上具有良好的扩充性、可维护性，使旅行社可根据自身业务范围与特点进行调整与改善。

2. 界面设计

风格统一，结构清晰，有编辑功能和查询功能，以方便用户使用。

3. 数据库设计

合理分布信息资源，使信息资源达到共享性，在企业中充分发挥作用，为决策者提供决策依据，同时还要注重安全保密性。

4. 系统用途

可以规范旅行社管理，极大地节约人力和财力。数据共享让沟通更容易、更快速、更有效，保存资料，往来客户信息共享，信息查询方便准确，行业用语标准统一。

（二）旅行社管理信息系统平台模式

MIS 系统平台模式大体上分为 4 种：主机终端模式、文件服务器模式、客户机/服务器模式（Client/Server，C/S）和 Web 浏览器/服务器模式（Browser/Server，B/S）。

主机终端模式由于硬件选择有限，硬件投资得不到保证，已被逐步淘汰。而文件服务器模式只适用小规模的局域网，对于用户多、数据量大的情况就会产生网络瓶颈，特别是在互联网上不能满足用户要求。对于现代企业管理信息系统来说，应主要考虑 C/S 模式和 B/S 模式。

C/S 模式主要由客户应用程序（Client）、服务器管理程序（Server）和中间件（Middleware）三个部件组成。客户应用程序是系统中用户与数据进行交互的部件。服务器程序负责有效地管理系统资源。中间件负责连接客户应用程序与服务器管理程序，协同完成一个作业，以满足用户查询管理数据的要求。C/S 模式的优点主要包括：交互性强、提供更安全的存取模式、降低网络通信量。由于 C/S 在逻辑结构上比 B/S 少一层，对于相同的任务，C/S 完成的速度总比 B/S 快，这就使得 C/S 模式更利于处理大量数据，见图 1-9。

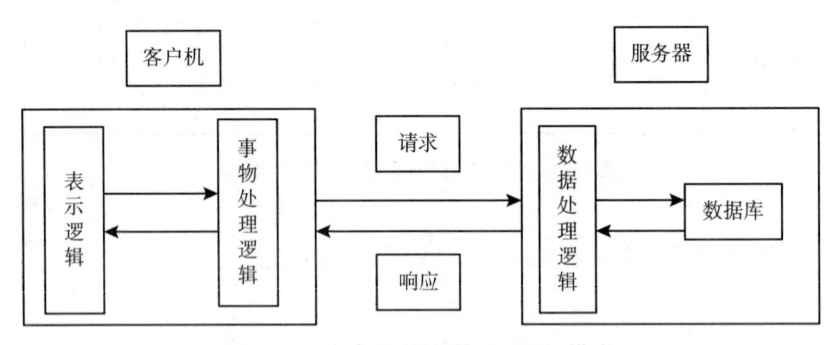

图 1-9 客户机/服务器（C/S）模式

B/S 模式是一种以 Web 技术为基础的新型的 MIS 系统平台模式。把传统 C/S 模式中的服务器部分分解为一个数据服务器与一个或多个应用服务器（Web 服务器），从而构成一个三层结构的客户服务器体系。第一层客户机是用户与整个系统的接口。客户的应用程序精简到一个通用的浏览器软件。第二层 Web 服务器将启动相应的进程来响应客户的请求，并动态生成一串 HTML 代码，其中嵌入处理的结果，返回给客户机的浏览器。第三层数据库服务器的任务类似于 C/S 模式，负责协调不同的 Web 服务器发出的 SQL（Structured Query Language）请求，管理数据库。B/S 模式的优点是简化了客户端、用户的操作更简单、适用于网上信息发布，见图 1-10。

通过以上分析可见，C/S 模式比较适合于规模不大、用户较少、单一数据库且在安全、快速的网络环境下（如局域网）运行。但是，随着应用系统的规模不断扩大，系统复杂性越来越高，在多用户、多数据库且非安全的网络环境下更适合采用 B/S 模式。

图 1-10 浏览器/服务器（B/S）模式

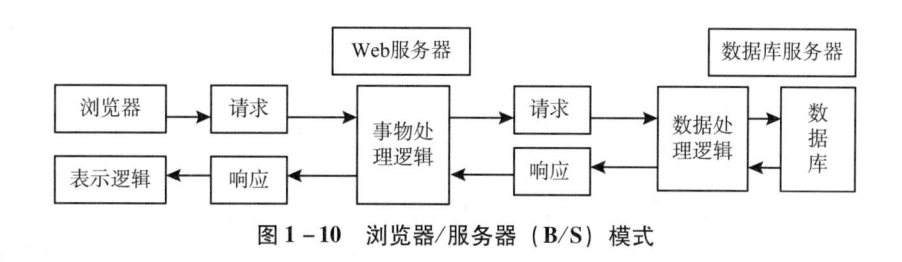

基于旅行社业务复杂、门市网点较多的情况，旅行社管理信息系统 B/S 模式的开发使用正在增加，当然，今后的趋势也有可能是 C/S、B/S 模式的结合。

三、旅行社管理信息系统的目标、优势

（一）目标

旅行社业务管理信息化目标就是利用信息化软件系统达到以下要求：

1. 旅行社管理信息化可以统一管理旅行社的整体营销网络

旅行社下属的营业点、分公司、办事处、代理商、地接社只需配备一台具有互联网上网条件的计算机，即可连接到总部的业务服务器，获取由总部发布的实时产品报价和产品信息。

无论领导或员工透过互联网随时查看公司的销售报告及在线进行业务处理打印报价单；代理商、合作伙伴可使用由旅行社分配的账户及密码，登录代理分销子系统，了解最新团队计划、线路报价及空位情况，并直接下预订单，无须再用传真或电话确认；合作地接社可使用由旅行社分配的账户及密码，登录地接合作社子系统，获取交予其接待的团队的客人资料及接待标准、接待要求。

2. 旅行社管理信息化可以规范和监控企业员工的业务操作

通过自动化的工作流程将旅行社的各种业务处理紧密结合起来，这样就将单个人员的工作纳入企业规范的整体业务流程中，与此同时将发生的各种业务资料存储在统一的数据库中，从而避免了重复工作，以及人员流动造成的损失。

建立公司线路数据库，制订团队计划、地接、包团报价单轻松快捷；建立供应商产品及协议价数据库，团队成本自动更新，一目了然。

3. 旅行社管理信息化可以建立客户资料库并避免客户资源流失

通过旅行社管理信息化使往来单位资料纪录得以完全保存；不因人员离职而导致的客户跟进断线；加速业务人员对市场的反应速度，提高企业生存能力；通过网络化信息交互，各类文档电子化，无纸化办公；营销网络之间实现网络化信息交互，减少电话、传真等信息交互方式；内部各类文档电子化存储、浏览，无纸化办公等。

4. 旅行社管理信息化可以数据汇总、统计、分析，准确预测市场动向

利用旅行社业务管理信息化优势，将各类市场销售数据，实时汇总、统计、分析，

根据准确可靠的数据，旅行社决策层可以从容应对市场变化，科学预测市场变化，合理制定产品价格，从而规避市场风险。

（二）优势

1. 通过信息化管理来实现高管层对员工的管理

推进信息化建设，利用旅行社内部管理软件将旅行社的财务账目、产品采购和产品销售等各项活动及时图形化、数据化、透明化，利用软件的制约特性大大减少了员工在这些环节上的"暗箱操作"。以团队操作为例，计调人员必须将每一个团队的客户名称、联系人、团款多少、用什么车、导游情况等详细信息都输入到电脑中，否则就领不到团旗、预付款等，无法成团。这样就实现了高管层对员工的制约和控制，避免了其他很多旅行社被计调和票务操纵的局面。

2. 信息化系统为管理者进行企业决策提供了量化依据

管理者可以通过信息化系统对客户、对产品、对财务进行统计分析，找出薄弱环节，预测市场走向，从而做出科学的决策。

3. 可以提高办公效率

通过内部管理软件再造旅行社业务流程，摒弃原来很多低效重复的环节，使得整个企业进入社会化大生产阶段，并将大生产观念贯彻到流程的各个环节，使其产生倍增效应，从而大大地提高了企业的办公效率。

除此之外，通过信息化管理还可以达到减少办公耗材、降低经营成本、利于员工沟通交流、树立企业的品牌、提高知名度的目的。

管理信息系统是旅行社行业IT应用的重点和难点。未来的发展趋势将是单个节点上的企业信息一体化后，形成产业链的信息链，形成网络"虚拟产业集群"效应，这样不但能有效降低企业内部的管理成本，还能降低企业间的协作成本。这将有助于我国旅行社行业走上不断推进产业升级的良性发展之路。

第二章 基础数据设置管理

旅行社管理信息系统软件的基本架构如图 2-1 所示。

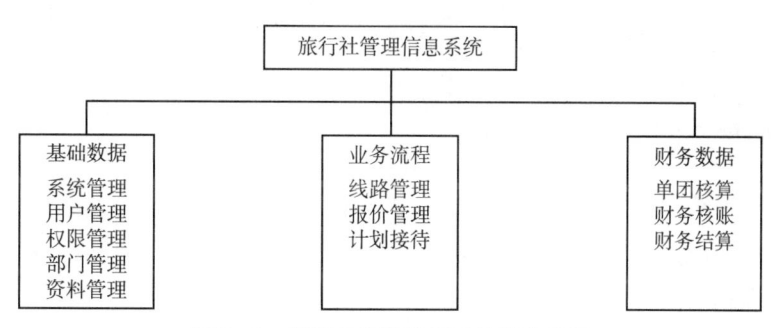

图 2-1 旅行社管理信息系统基本构架

基础数据部分包括系统的设置、软件界面的设置、部门的基本资料设置，如图 2-2 所示。

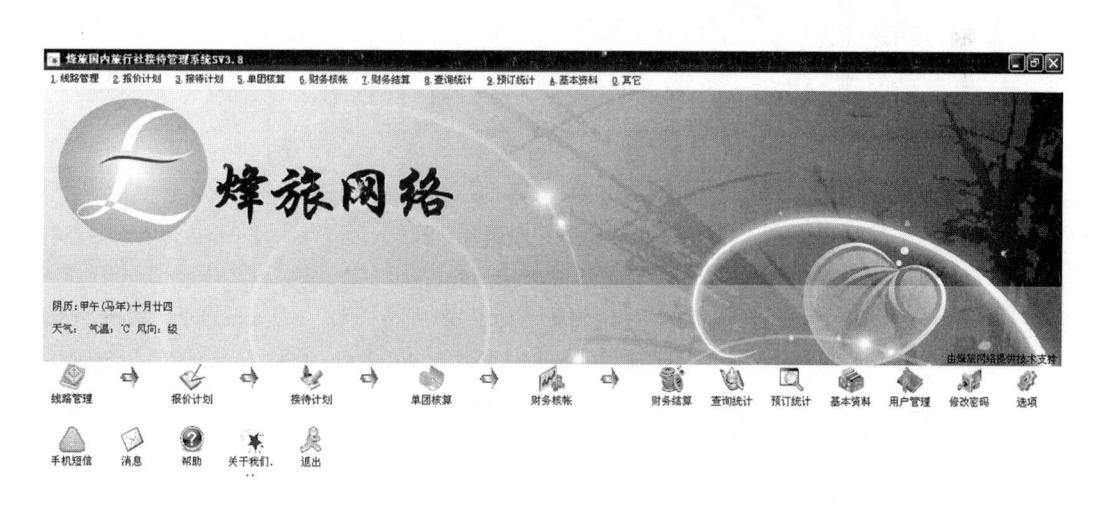

图 2-2 旅行社管理信息系统主界面

第一节　基础数据的设置及管理

【实验目的】通过基础数据的设置及管理，理解并掌握该系统的基本操作，为该软件的使用奠定基础。

【主要内容】启动系统并登录；启动"用户管理"模块；启动"密码修改"模块；系统管理员设置；部门操作员设置。

【重点知识】权限设置。

【操作指导】

一、启动系统

（1）在已安装有"××软件"的电脑桌面上，双击桌面该图标。

（2）在弹出的对话框中，用户名选择"管理员"，密码为空，单击"登录"按钮进入系统，如图2-3所示：

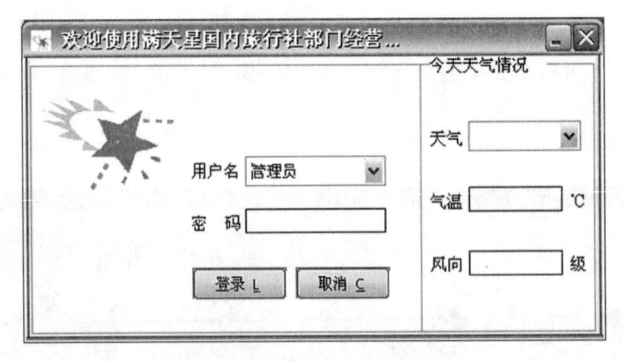

图2-3　系统用户登录界面

【提示】系统中预先设定了一个系统管理员，"管理员"第一次运行时，系统管理员的密码为空，不需要输入。为了维护系统的安全性，在实际工作中必须设置系统管理员密码。具体操作方法在"用户管理"及"密码修改"模块中进行详细介绍。

二、密码修改

（1）运行"其他"菜单中的"修改密码"。
（2）双击桌面"修改密码"。
（3）输入新旧密码并单击确定保存，如图2-4所示。

图 2-4　系统密码修改界面

【提示】（1）此项操作只能修改当前登录的操作人员的密码；（2）考虑到实际教学环境，建议不要设置系统管理员密码，一旦修改后遗忘密码将无法以管理员身份进入系统并进行操作。

三、用户管理

（1）运行"其他"菜单中的"用户设置"。
（2）双击桌面"用户管理"图标，如图 2-5 所示。

图 2-5　系统用户管理界面

（3）添加操作人员。

①单击"新增用户"按钮；②在右侧对话框中输入添加操作人员的相关信息，在权限表中分配权限①；③单击"提交"按钮进行保存操作。

【提示】权限分配时只对有分配权限的人有操作权，一般是办事处负责人，在此为管理员。

（4）操作人员停用。

①在左侧的操作人员列表中单击选中要操作的人员；②在右侧对话框中选中"停用"；③单击"提交"按钮进行保存操作。

【提示】只有拥有"用户管理"操作权限的人员（一般为系统管理员）才有权进行停用操作。被停用的操作人员将无法再登录该系统。

（5）修改用户密码。

①在左侧的操作人员列表中单击选中要操作的人员；②在右侧对话框中将原有密码删除，输入新的密码并提交保存即可。

第二节　系 统 设 置

【实验目的】掌握系统设置的基本功能及相关附加程序的应用，进一步了解系统配置、操作方法及对旅行社管理系统运作的意义。

【主要内容】系统选项；附加功能。

【重点知识】个性化设置。

【操作指导】

一、系统选项

（1）运行"其他"菜单中的"选项"。

（2）双击桌面"选项"图标，如图 2-6 所示。

（3）各项相关内容设置完毕后，点击选中"应用"进行确认并进行预览，预览确认后，点击"确定"按钮进行保存操作。

---

① 权限管理：可以限定使用软件的地点及软件的功能。手机版和网页版软件都是基于账号和密码管理的软件，只要有账号和密码，就可以在任何能够上网的设备上使用软件，目前许多安装版软件是基于电脑授权的软件，用户只能在被授权的电脑上运行，增强了软件的安全性。权限管理包括横向的权限管理、纵向的权限管理。按岗位设置操作员的权限，也可以自定义某个操作员可以操作的软件权限，称为横向权限管理。纵向的权限管理包括纵向的部门和子公司管理，企业可以定义某个操作员可以进入哪几个子公司，在每个子公司中归属于哪个部门，并是否允许跨部门，对于不可跨部门的操作员，只能查看本部门的客户和供应商以及团队计划。

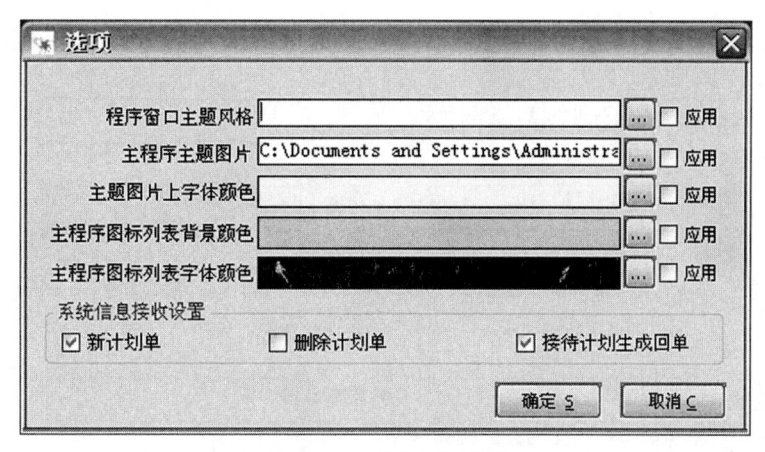

图 2 - 6　系统选择界面

【提示】各相关内容指窗口主题风格、主程序主题图片、列表背景及文字颜色等。

二、附加功能

为了方便旅行社日常工作的需要，本软件增加了万年历、计算器、系统短信传输及网络手机短信的功能。

第三节　基本资料设置

【实验目的】系统资料是软件应用的基础，完善有效的基本资料，能充分发挥软件的各项功能。通过本实验掌握系统资料的维护、系统运行的操作步骤。

【主要内容】本社资料；部门设置；相关行业及人员信息设置；可供筛选列表信息设置；报表设计器；财务科目等。

【重点知识】建立旅行社数据库的概念。

【操作指导】

一、本社资料

设置本旅行社的名称、联系方式等相关信息。
（1）运行"基本资料"菜单中的"本社资料"。
（2）在基本资料设置的桌面中双击"本社资料"图标，如图 2-7 所示。

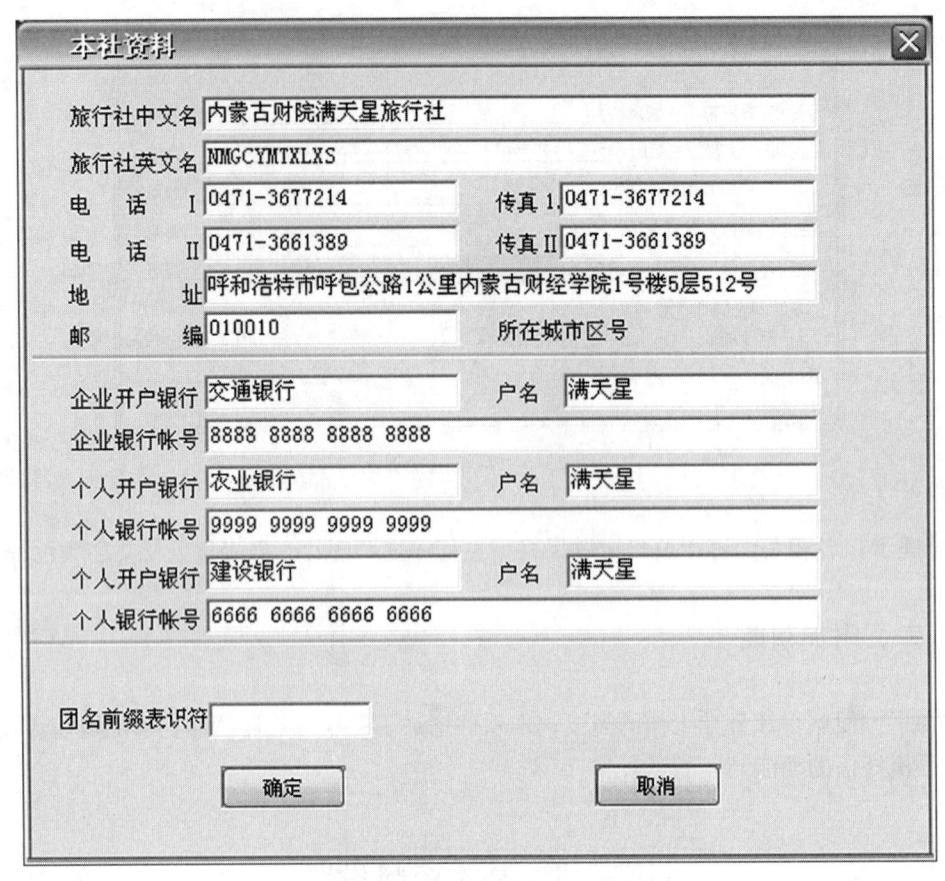

图 2-7　旅行社基本资料界面

（3）各项内容输入确认完成后点击确定进行保存操作即可。

二、部门设置

根据本旅行社的组织机构建设需要，设置自己的组织部门。
（1）运行"基本资料"菜单中的"本社资料"。
（2）在基本资料设置的桌面中双击"本社资料"图标，如图 2-8 所示。
（3）添加新的部门。
①点击"新增"按钮；②在左侧"部门编号"及"部门名称"中输入相应内容；③点击"保存"按钮进行保存操作。
（4）删除部门。
①点击选中所要删除部门；②点击删除按钮进行删除操作；③在弹出的系统信息对话框中，确定删除点"是"，不删除点"否"。
【提示】只有拥有基本资料操作权限的操作员才有权进行该项操作，并且在进行添加、修改及删除操作前，需要点击选中"允许修改"，否则不能进行以上操作。

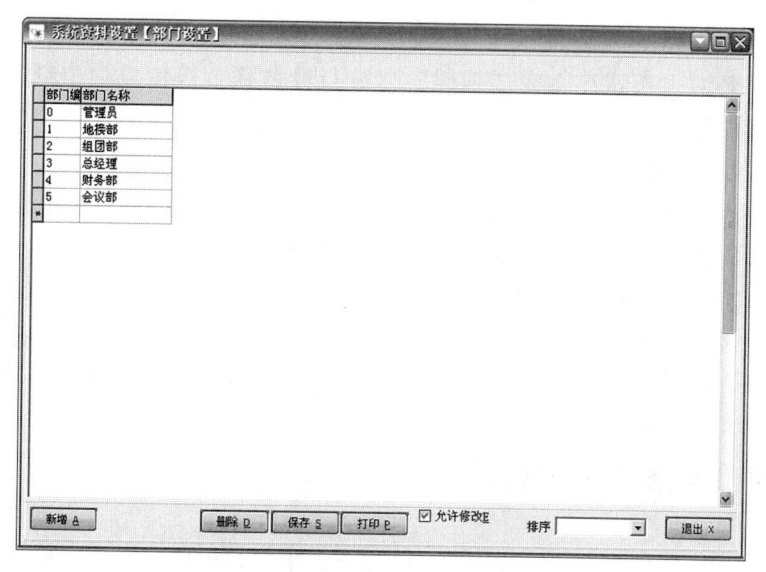

图 2-8　旅行社部门设置界面

三、相关行业及人员信息设置

设置与旅行社日常业务联系密切的相关行业（如旅行社、酒店、餐饮店、商场等）和人员（如导游、司机、组团社外联、出票人等）的信息，便于日常操作过程中的快速筛选及联系，并且有助于资料的整理、修改及保存。

（1）运行"基本资料"菜单中的相应选项。

（2）在基本资料设置的桌面中双击相应选项的图标；以"同行资料"为例，如图 2-9 所示。

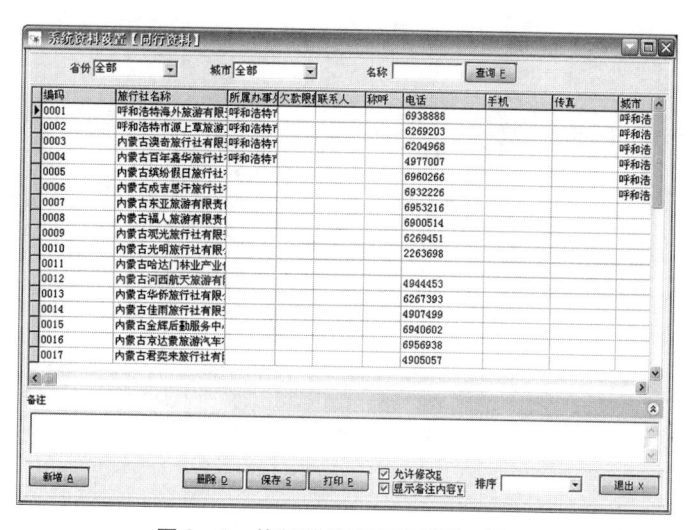

图 2-9　旅行社供应商资料管理界面

19

(3) 添加新信息。

①点击"新增"按钮;②在"编码""旅行社名称"等信息栏中输入相应内容;③点击"保存"按钮进行保存操作。

(4) 删除同行资料。

①点击选中所要删除的旅行社;②点击删除按钮进行删除操作;③在弹出的系统信息对话框中,确定删除点"是",不删除点"否"。

【提示】只有拥有基本资料操作权限的操作员才有权进行该项操作,并且在进行添加、修改及删除操作前,需要点击选中"允许修改",否则不能进行以上操作。部分模块需要添加备注内容时,点击选中"显示备注内容"即可进行相关操作。

四、可供筛选列表信息设置

本模块中的内容作为该系统应用的基础数据,主要是根据旅行社日常经营活动的需要进行设定的,其主要作用是在日常操作过程中便于操作者快速筛选相关信息,节省操作时间。可供筛选的信息包括:国家列表、省份列表、城市列表、交通工具、交通座别、接送信息、景区方位、机车时刻表、车型设置、车费类型、车费报价列表、往返交通、订票方式、酒店客房标准、餐饮标准、商场类型、套票类型、线路类型、其他项目费用、机车时刻表、经营季节性设置。

(1) 运行"基本资料"菜单中的相应选项。

(2) 在基本资料设置的桌面中双击相应选项的图标。

以"报价类型"为例,如图 2 – 10 所示:

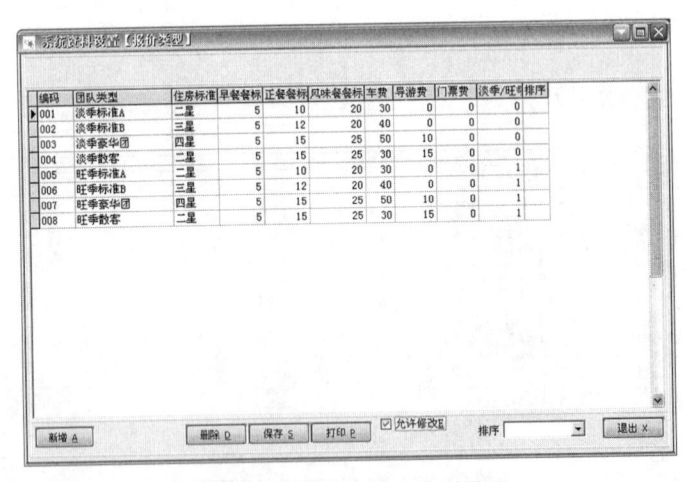

图 2 – 10 旅行社报价类型界面

(3) 添加新内容。

①点击"新增"按钮;②根据自身需求及项目栏输入相应的信息内容;③信息输

入完成后点击保存按钮做保存操作。

（4）删除信息。

①点击选中所要删除的类型行；②点击删除按钮进行删除操作；③在弹出的系统信息对话框中，确定删除点"是"，不删除点"否"。

五、报表设计器

设计各类报表的格式内容。

（1）运行"基本资料"菜单中的相应选项。

（2）在基本资料设置的桌面中双击报表设计器图标，如图2-11所示。

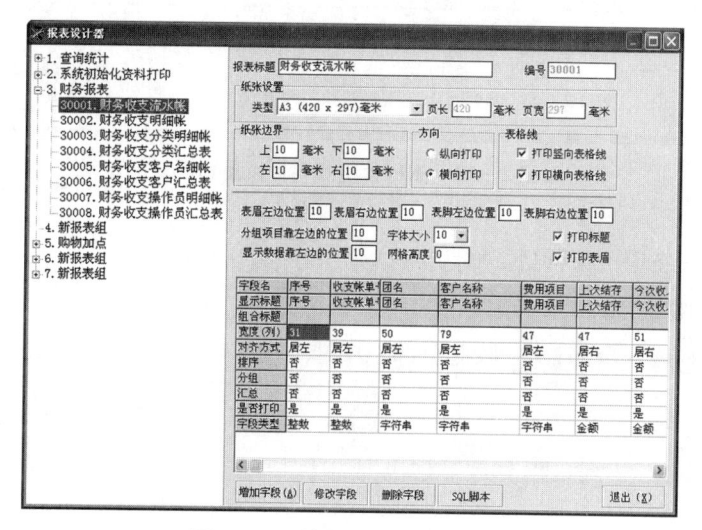

图2-11　旅行社报表设计界面

（3）根据所需设计报表，如财务收支流水账报表，按照报表格式要求填入具体数字即可。

【提示】报表通常由七部分组成，分别是页眉、报表头、页头、明细、页尾、报表尾、页脚，每一部分通常称作带区。明细是报表的主体，要打印的动态内容都在这一部分显示。

六、财务科目

根据企业账务往来要求及财务科目设置要求设置相应的财务科目，便于日常的财务操作。

（1）运行"基本资料"菜单中的相应选项。

（2）在基本资料设置的桌面中双击相应选项的图标，如图2-12所示。

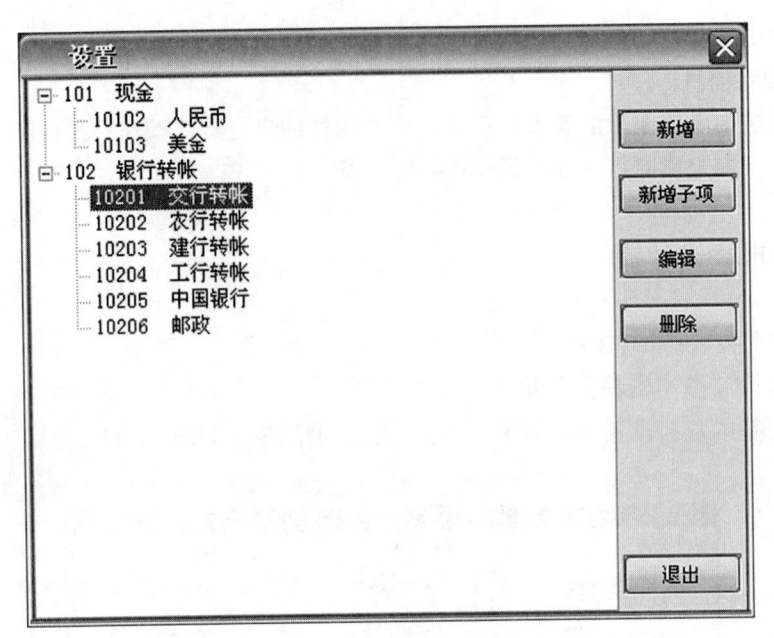

图 2-12　旅行社财务科目设置界面

（3）新增或新增子项科目。
（4）修改或删除总科目或子科目。

【提示】 $\boxed{+}$ 展开全部； $\boxed{-}$ 收起全部　展开/收起

第三章 业务流程数据设置管理

本章主要学习线路管理、报价计划、计划接待。

第一节 线 路 管 理

【实验目的】在系统及基础资料设置完成的基础上，进行旅行社业务流程操作，通过该实验的学习，掌握线路设计的基本操作方法。

【主要内容】添加线路（新增旅游线路、线路查询）。

【重点知识】掌握线路设计的合理及完整。

【操作指导】

一、添加设计线路

设计各类旅游路线供"报价计划"及"接待计划"导入使用。

（1）运行"线路管理"菜单中的"线路管理"。

（2）主程序桌面上双击"线路管理"图标，如图 3-1 所示。

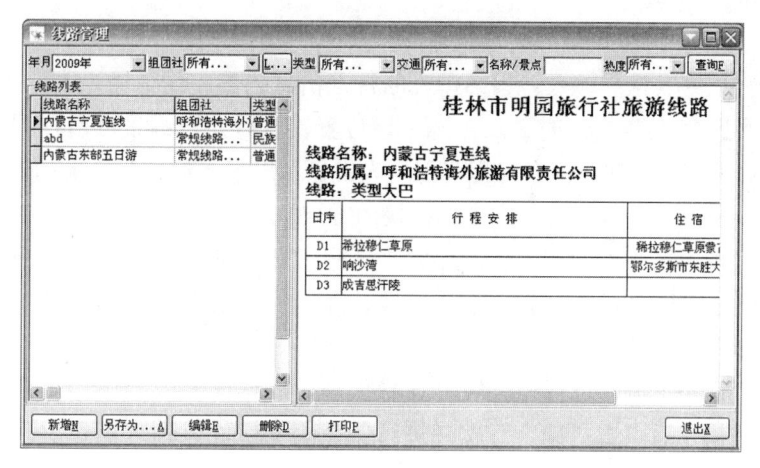

图 3-1 旅行社线路设计界面

(3) 新增旅游线路。

①点击"新增"按钮，弹出如下对话框，如图3-2所示；②在"新线路"对话框中选择相应的"所属年月""所属组团社""线路类型""往返交通"以及输入"线路名称"。③"新线路"设置完成后，点击"确定"按钮将进入"线路管理"界面，进行新线路的详细设计；点击"取消"按钮将取消当前新增线路的操作。

图3-2 旅行社新增线路设计界面

【提示】"所属年月"是指当前所设计的线路适应的旅游时期，便于在做旅游报价及接待时快速导入（因为旅行社根据不同的旅游季节会推出不同的旅游线路）；"所属组团社"是指当前旅游线路所适应的合作对象或类型（因为在实际操作过程中，旅行社根据不同的合作伙伴推出不同的长期性旅游线路）；所有相应选项的内容都是在"基本资料"中提前设置的。

二、线路编辑

(1) 在行程列表框中输入行程第一天的行程信息，餐、住宿输入方式如图3-3标注所示，"行程/景点"输入时，点击选中该位置，然后在右侧景点名称列表中找到相应的景点，双击选中，此时将在行程明细列表中显示出来（通常第一天的行程中先安排接团工作，即先在"接送信息"栏中选择接团方式）。

(2) 依然选中第一天的"行程/景点"位置，按"回车"键进入下一天的行程设置，具体操作方法与"新增旅游线路"一致，最后一天的行程中如有送团，在"接送信息"中选择送团方式。

(3) 在页面左下方，选择相应的团队类型。

(4) 完成操作后点击"确定"按钮进行保存操作，如图3-4所示。

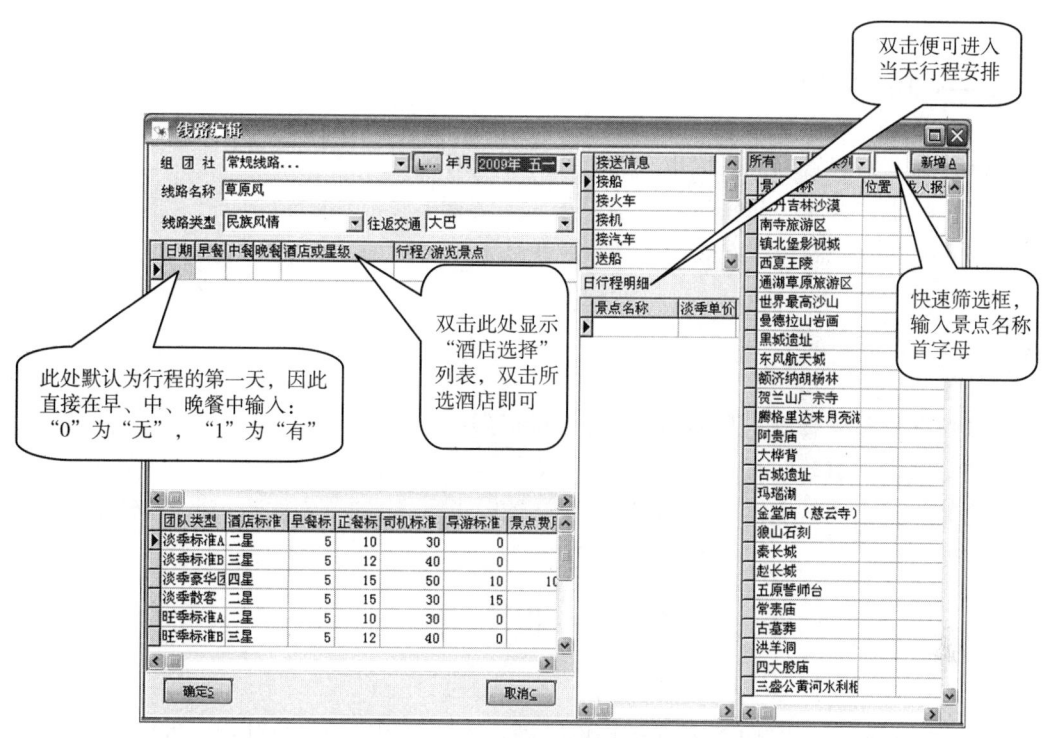

图 3-3　旅行社线路编辑界面

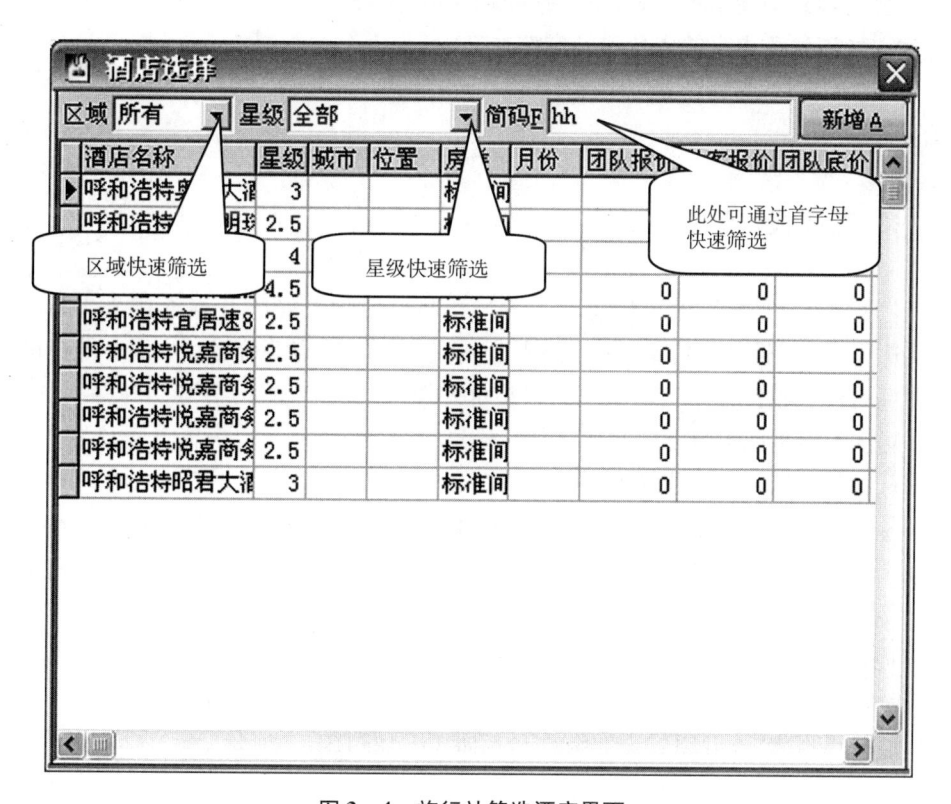

图 3-4　旅行社筛选酒店界面

三、修改线路

（1）在"线路管理"界面中，选中所要修改的线路。
（2）单击"编辑"按钮进入"线路编辑"界面。
（3）具体修改的操作方式"新增旅游线路"。

四、删除线路

（1）在"线路管理"界面中选中要删除的线路。
（2）点击"删除"按钮。
（3）在弹出的系统提示对话框中，确认删除单击"是"，不删除选择"否"。

第二节 报价计划

【实验目的】在已制定的旅游线路的基础上，针对相应的旅行社作出报价计划。
【主要内容】新建报价计划、查询→编辑→另存为。
【重点知识】重点是输入价格的完整准确。

【操作指导】

一、新建报价计划

建立新的报价计划，通过信息导入等操作将已经设置好的基本资料及线路应用其中，形成具有针对性的报价单，并且根据已有的酒店、景点等价目，生成对外报价。
（1）运行"报价计划"菜单中的"报价计划"。
（2）主程序桌面上双击"报价计划"图标，见图3-5。
（3）报价计划的基本信息如图3-6所示。
①选择报价月份、报价类型；②输入具体行程名称，没有详细划分可不修改；③输入双方基本信息（联系方式、联系人等）；④输入完成后，单击"确定"按钮进入下一项。
（4）行程信息。
①导入行程（点击"导入线路"按钮弹出"线路管理"菜单界面）；②行程描述框中"生成行程描述"，并完善详细内容（具体操作如图3-7所示）；③输入完成后，单击"确定"按钮进入下一项，具体见图3-8。

图 3-5　旅行社线路报价界面

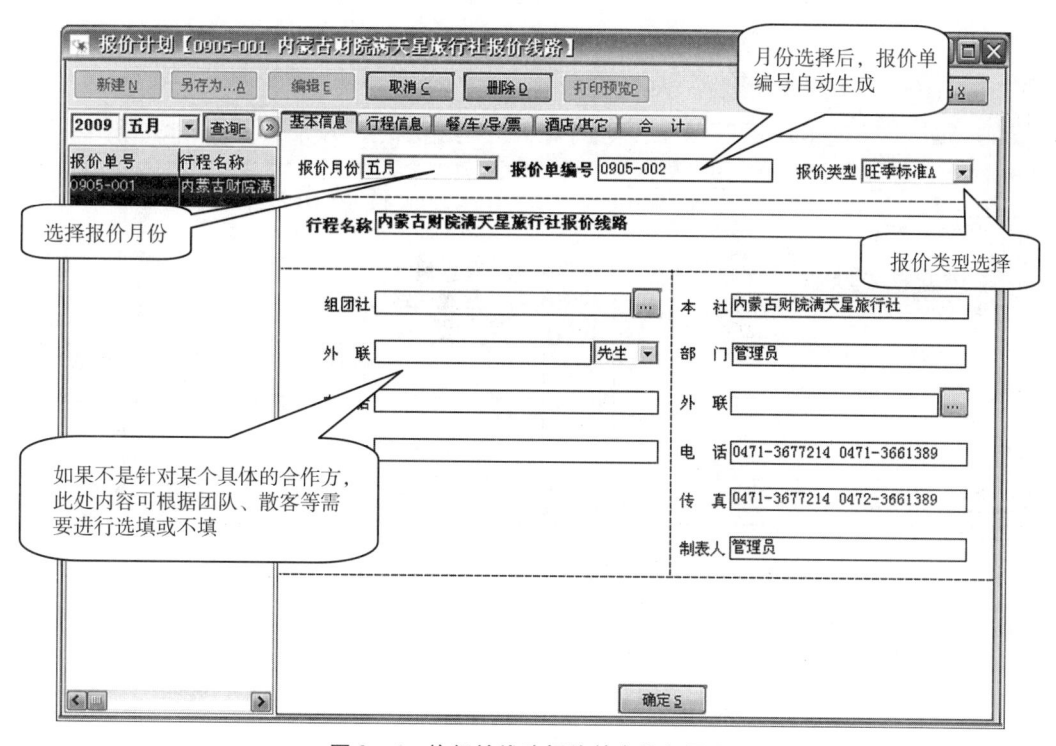

图 3-6　旅行社线路报价基本信息界面

旅行社管理信息系统

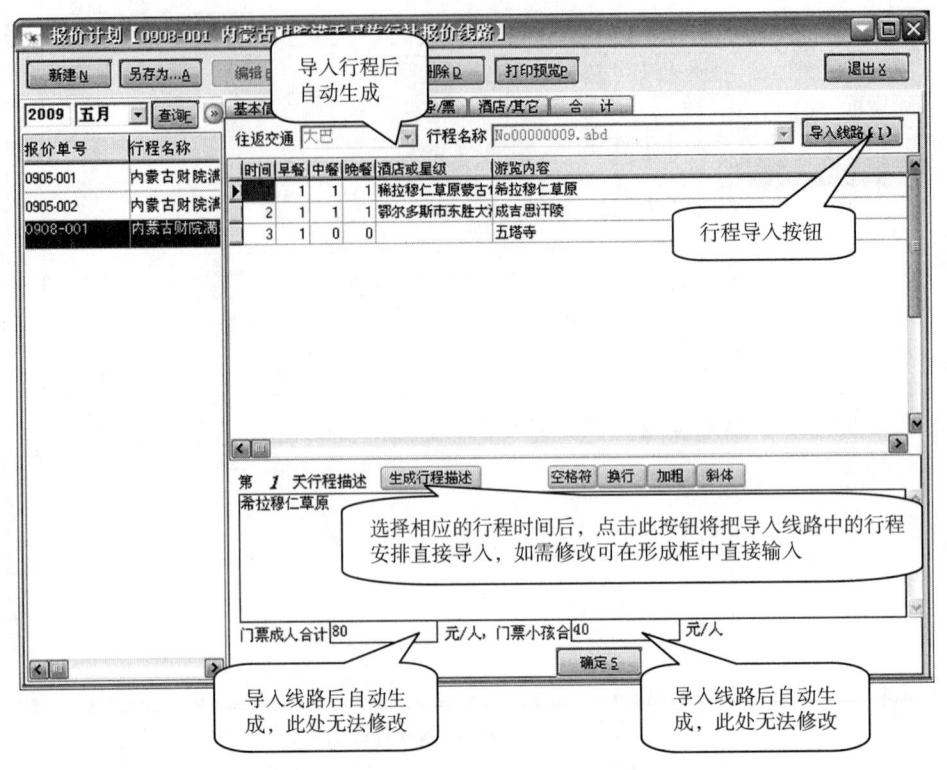

图3-7 旅行社线路报价自动导入界面

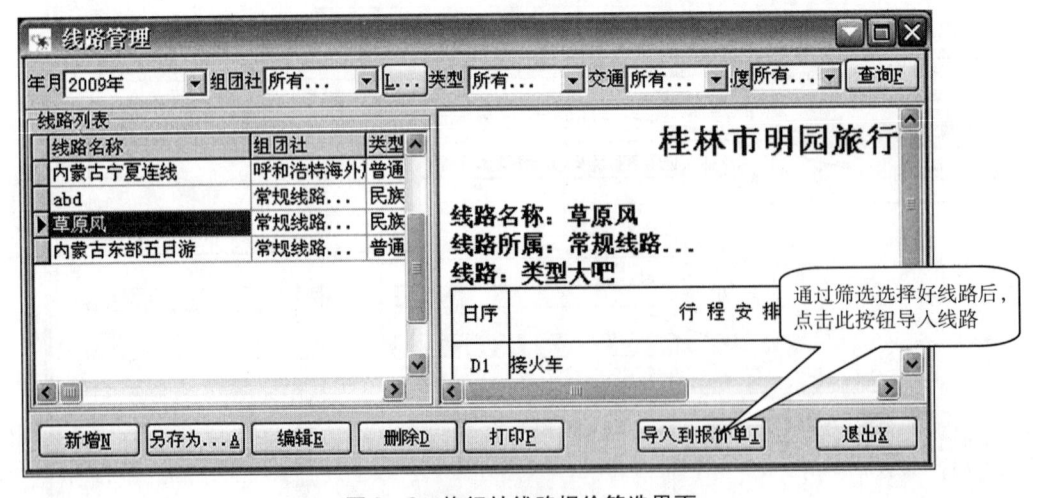

图3-8 旅行社线路报价筛选界面

(5) 餐/车/导/票，详见图3-9、图3-10、图3-11。

①输入导服费（根据具体情况而定，没有此项目的可以不填）；②导入旅游车费（单击"计算车费"按钮弹出"选择车费"菜单界面）；③如需订票，操作"订票明细"，在弹出的"交通时刻表"中选择游客所定的车次/航班；④餐费合计：根据行程

28

中的早、中、晚餐的标准输入相应的餐费标准（中晚餐统一为正餐），输入完成后将在合计栏中自动计算出合计价；⑤所有步骤完成后点击确定进入下一项。

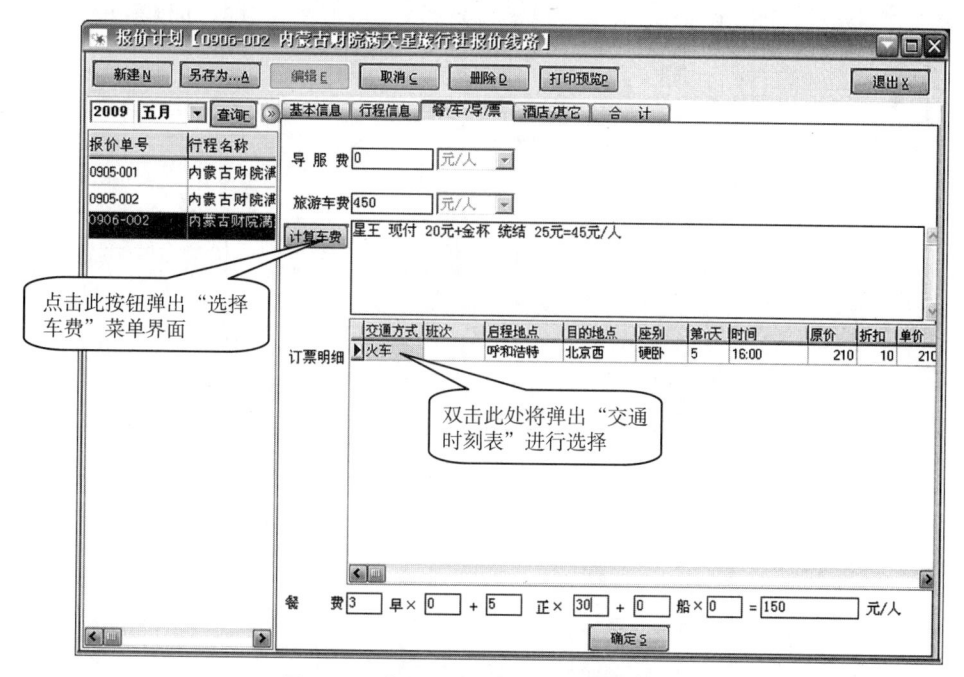

图 3-9　旅行社线路报价中大交通界面

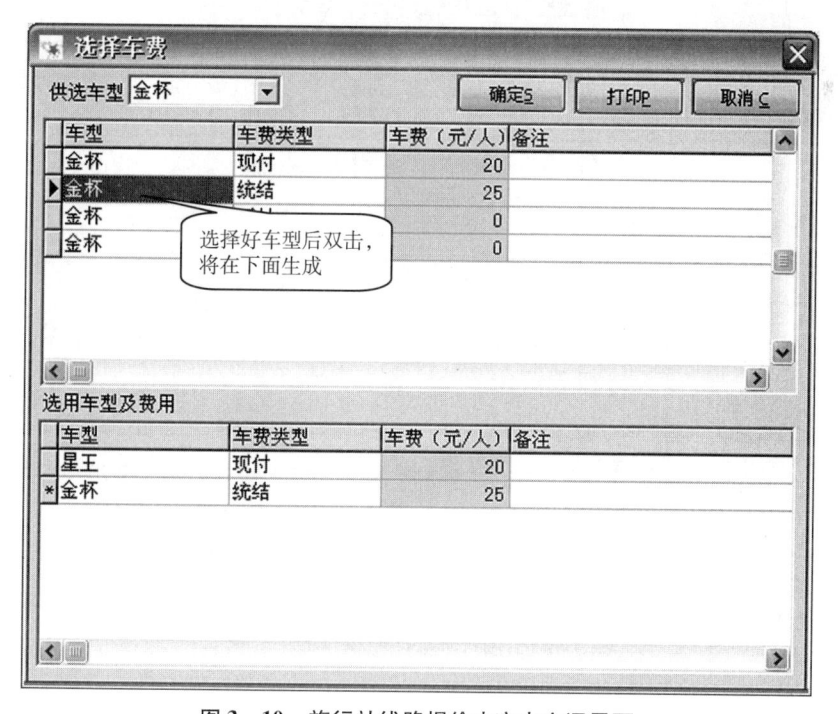

图 3-10　旅行社线路报价中市内交通界面

图 3-11　旅行社线路报价中大交通明细界面

（6）酒店/其他，见图 3-12。

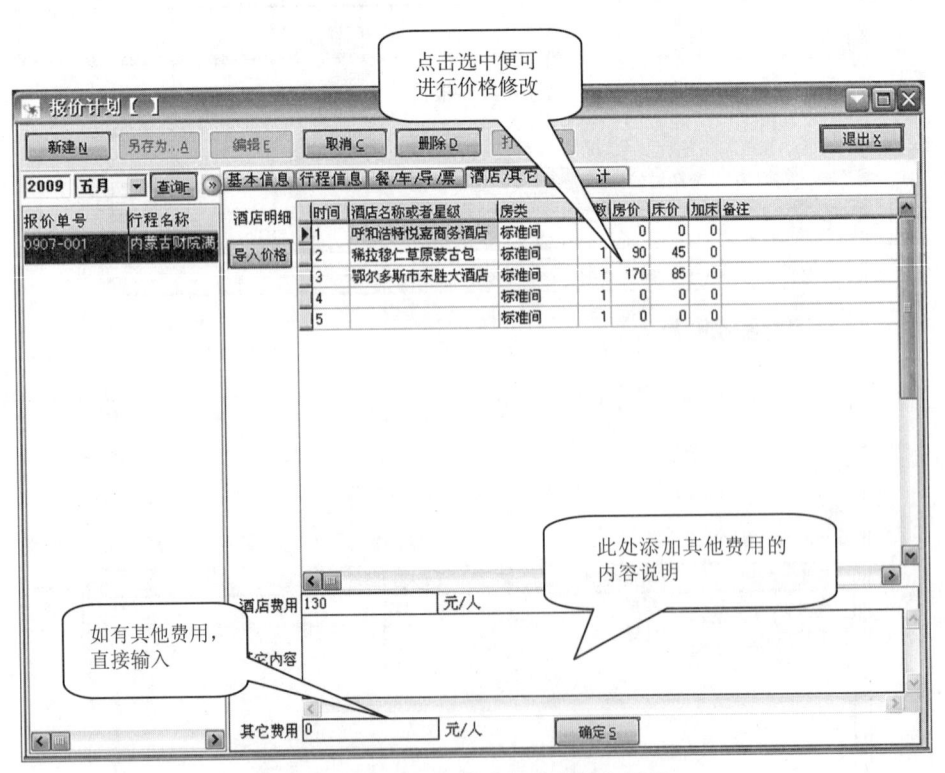

图 3-12　旅行社线路报价中酒店界面

①进入此项后,行程安排中的酒店将自动导入,已经在"酒店资料"中输入价格的也将自动导入,但是考虑到市场价格的波动性以及信息的不完整性,此处仍然可以输入或修改价格,输入完成后酒店费用合计将自动生成;②如有其他特殊费用,可在"其他内容"中详细说明,并在"其他费用"栏中输入所需费用;③输入完成后点击"确定"进入下一项。

(7) 报价合计,界面见图 3-13。

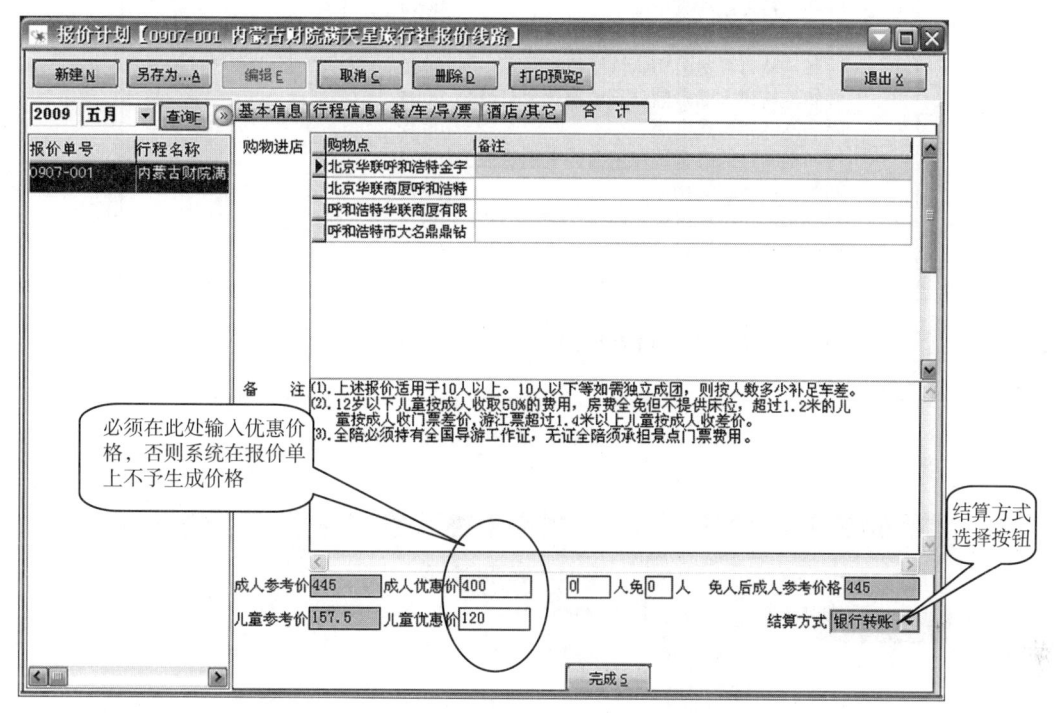

图 3-13 旅行社线路报价合计界面

①选择购物进店:在购物点处双击,便可弹出"购物店选择"菜单,在选择框中将行程中安排的购物点一一选中,然后单击"选取"按钮便可在"购物进店"中生成(如图 3-14 所示);②所有内容输入完成后,系统将自动生成最终价格,然后根据旅行社报价优惠政策,输入最终的优惠价格即可;③最后点击"确定"按钮,整个报价计划完成;④打印预览:点击"打印预览"按钮查看报价单的详细内容,以便检查是否有错误,见图 3-15。

【提示】由于系统原因,选择时务必注意,一旦选择错误且已单击"选取"生成将无法删除或修改,只能重新制作报价计划。

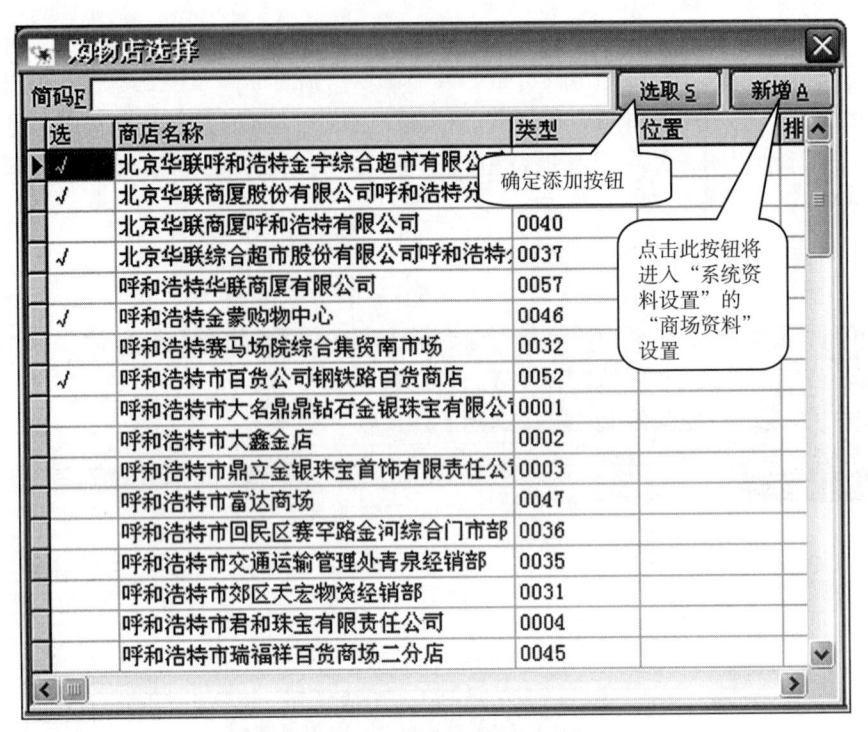

图 3-14　旅行社线路购物设置界面

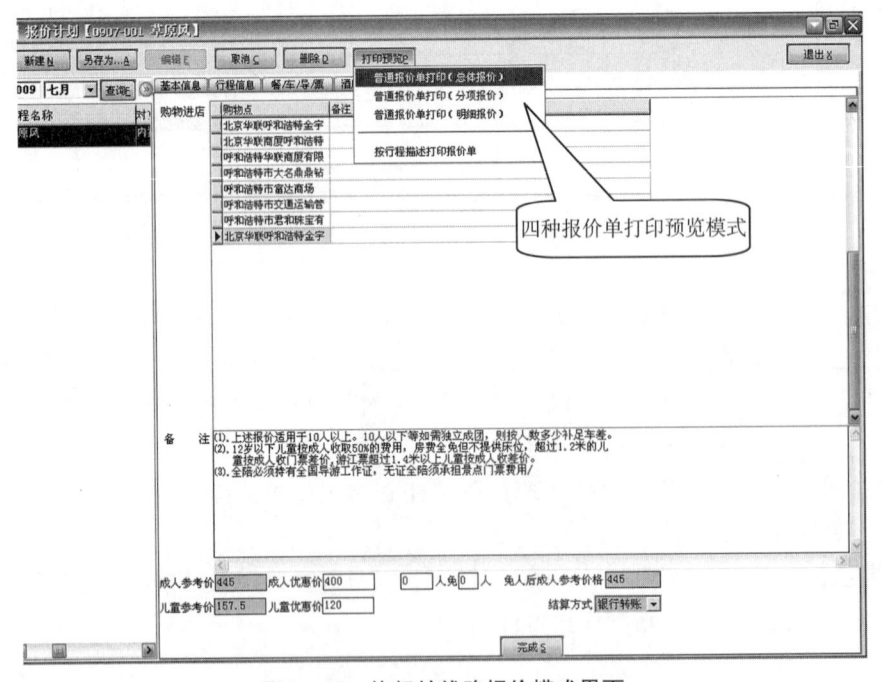

图 3-15　旅行社线路报价模式界面

二、报价计划的查询编辑

查询已制定好的报价计划，并根据实际情况的变动进行重新编辑，或以其他线路名称另存一张报价单，见图 3－16。

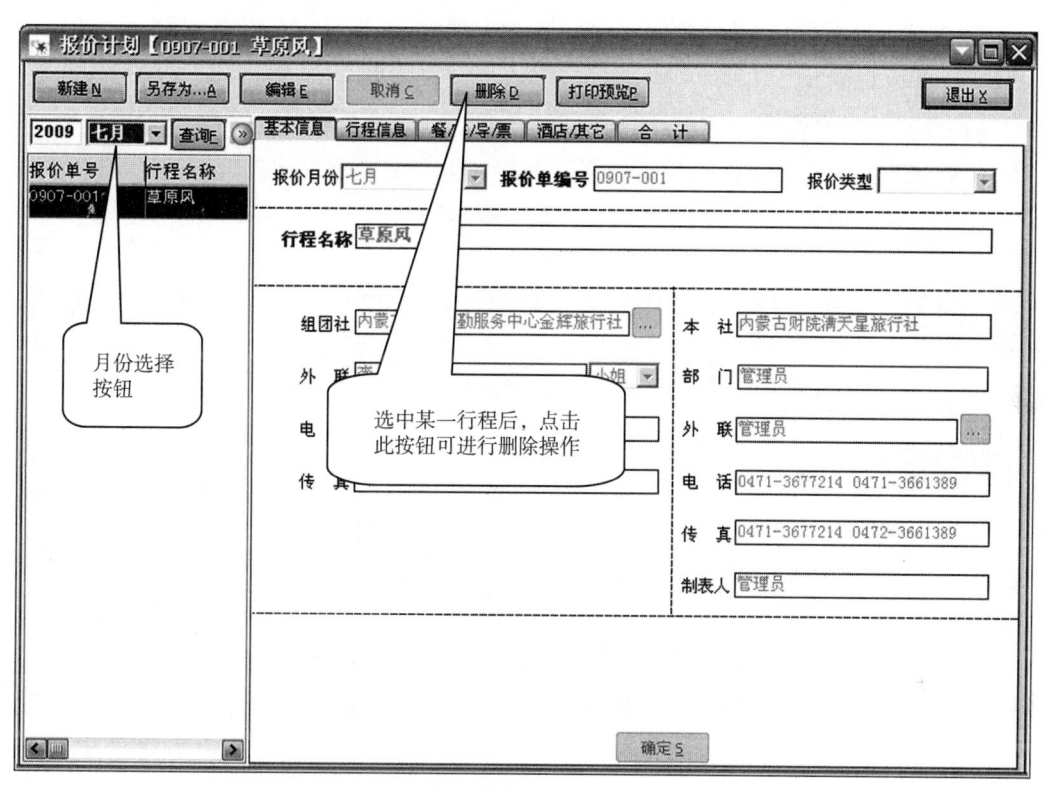

图 3－16　旅行社线路报价查编存删界面

（1）在月份选了栏中选择所要查询的报价月份，然后点击"查询"。
（2）在报价单号的列表中选中要查询的行程。
（3）此时可以针对所选行程进行"编辑""另存为""删除"的操作。

第三节　接 待 计 划

【实验目的】根据需要，制订即将接待某一旅游团的接待计划，通过学习掌握接待计划的操作过程。

【主要内容】新建接待计划，查询→编辑→另存为，生成回单。

【重点知识】重点是报价与底价。

【操作指导】

一、新建报价计划

建立新的接待计划，通过信息导入等操作将已经设置好的报价计划应用其中，输入详细的行程、景点信息，最终生成详细的接待计划，供导游接团使用以及生成回单之后供旅行社做团队核算。

（1）运行"接待计划"菜单中的"接待计划"，见图3-17。

（2）主程序桌面上双击"接待计划"图标，再点击主菜单"新建"按钮进入"接待计划"编辑界面。

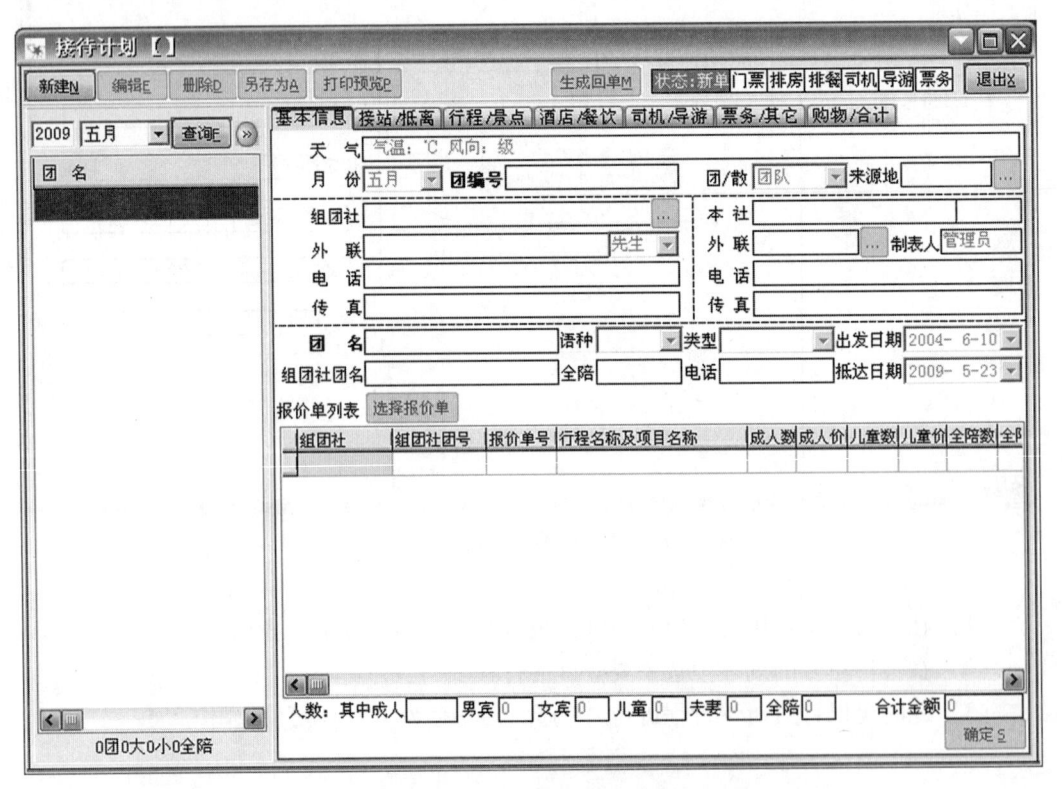

图3-17 旅行社接待计划界面

（3）基本信息，见图3-18、图3-19。

①选择接团月份、团队类型及游客来源地；②输入双方基本信息（联系方式、联系人等）；③制作报价单列表，若从已有的报价计划中导入，点击"选择报价单"按钮，也可直接输入，然后输入游客人数的相关信息；④输入完成后，单击"确定"按钮进入下一项。

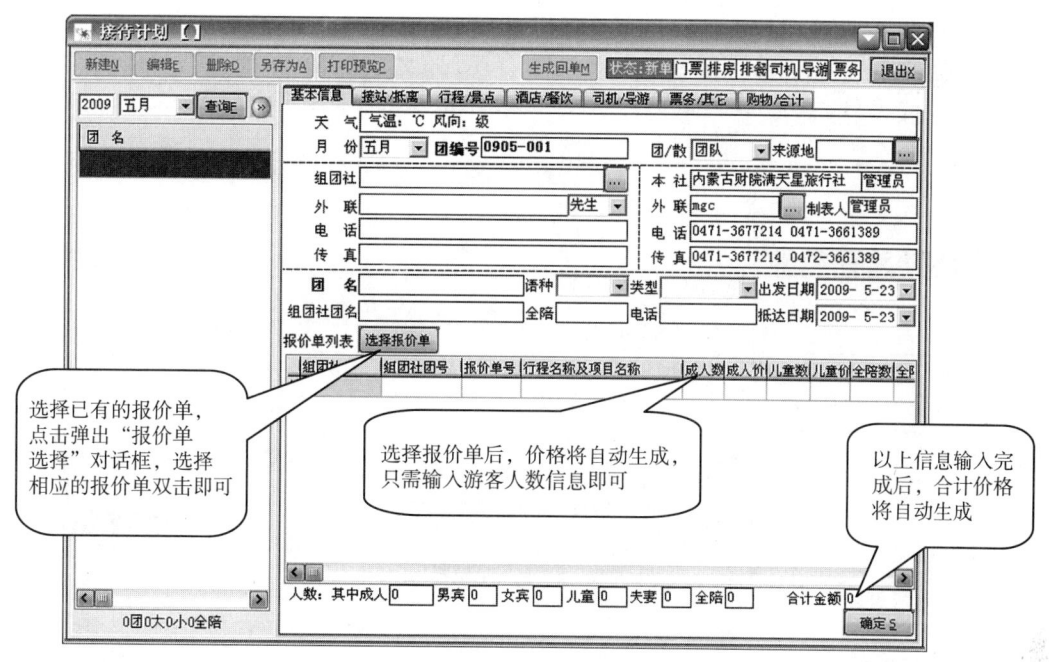

图 3-18 旅行社接待信息导入界面

图 3-19 旅行社接待信息报价单选择界面

（4）接站/抵离，见图 3-20。

① "接站牌"信息栏中输入接站信息（接站牌欢迎语）；②在抵达信息及离开信息栏中选择接送站方式、人数等信息内容；③输入完成后，单击"确定"按钮进入下一项。

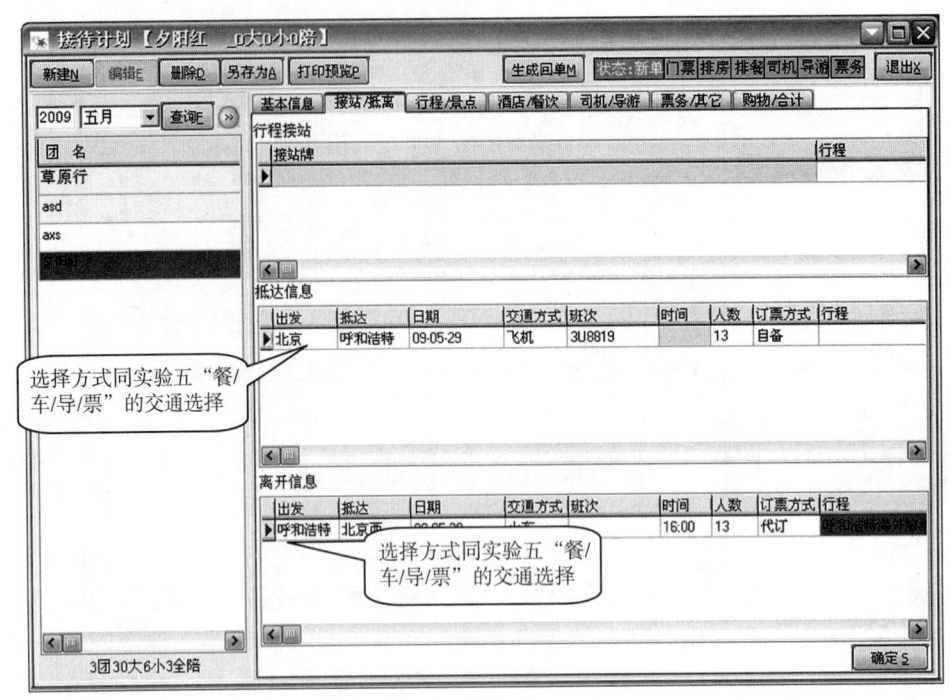

图 3-20　旅行社接待计划再编辑界面

（5）行程/景点，见图 3-21。

图 3-21　旅行社接待行程/景点再编辑界面

①导入线路；②修改日期、游览内容、景点信息及酒店等信息（由于旅游行程具有可变动性，系统设定的既有线路有时无法完全满足具体的接待计划）；③输入完成后，单击"确定"按钮进入下一项。见图3-22、图3-23。

图3-22 旅行社接待计划再编辑界面

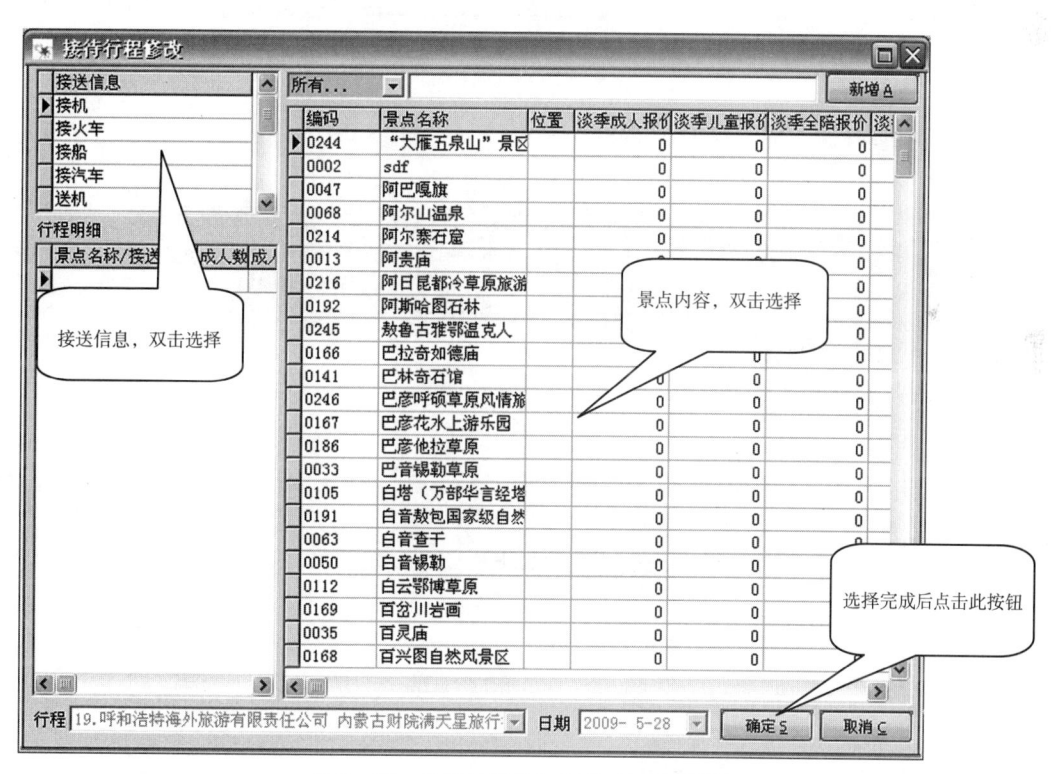

图3-23 旅行社接待行程修改再编辑界面

（6）酒店/餐饮，见图3-24。

①核对酒店明细，如有变更进行修改；②核对住店报价及成本，如有问题及时找出原因并进行修改；③核对修改就餐安排；④输入完成后，单击"确定"按钮进入下一项。

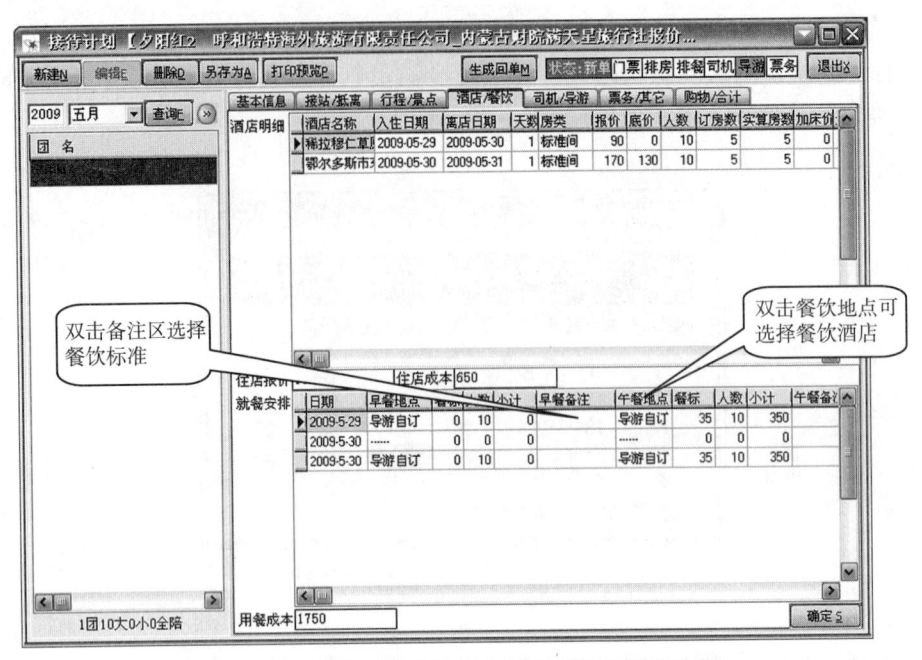

图 3-24　旅行社接待计划中酒店/餐饮再编辑界面

（7）司机/导游，界面见图 3-25。

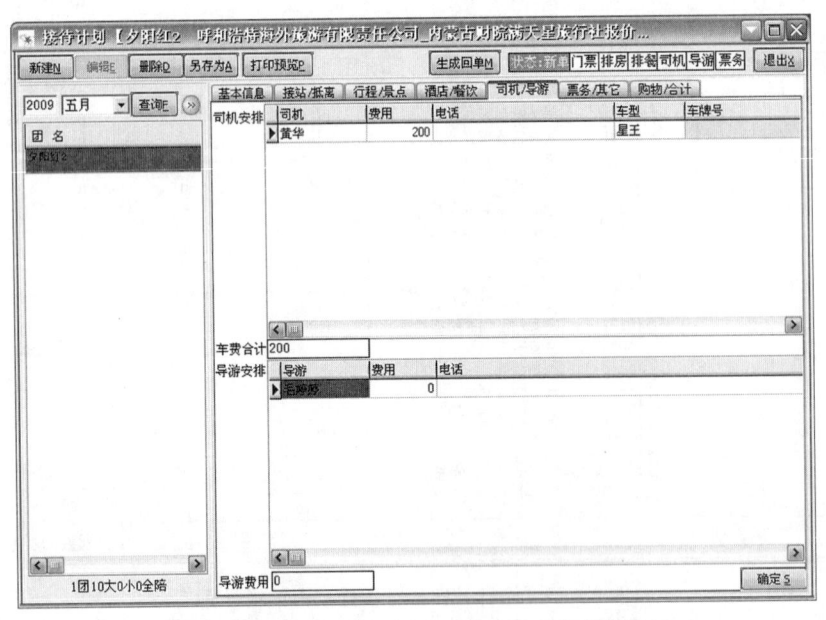

图 3-25　旅行社接待计划中司机/导游再编辑界面

①安排司机及确定车费，见图 3-26；②安排导游，见图 3-27；③输入完成后，单击"确定"按钮进入下一项。

图 3-26 旅行社接待计划中司机选择再编辑界面

图 3-27 旅行社接待计划中导游安排再编辑界面

(8) 票务/其他，见图3-28、图3-29。

①修改、导入订票信息；②核对订票价格；③其他项目设定；④输入完成后，单击"确定"按钮进入下一项。

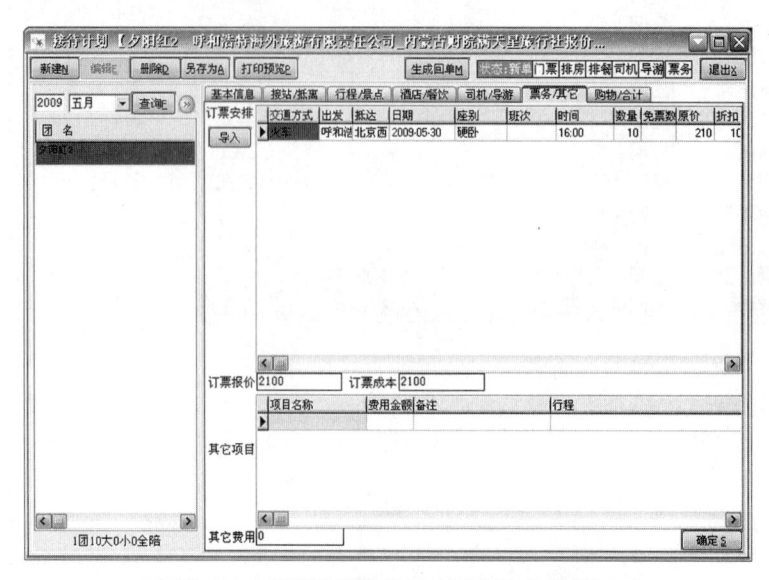

图3-28 旅行社接待计划中票务再编辑界面

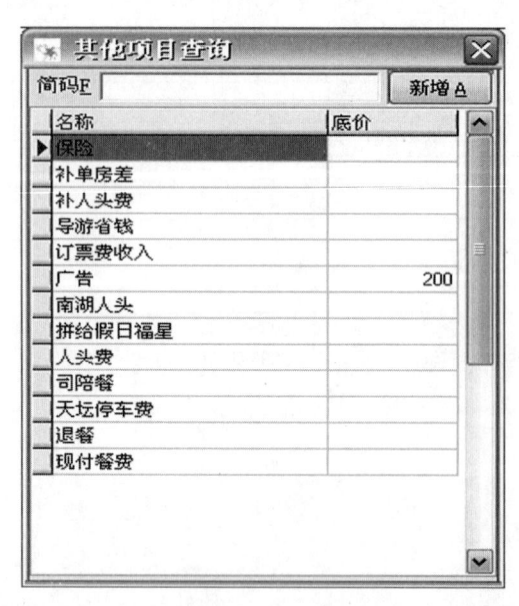

图3-29 旅行社接待计划中其他项目再编辑界面

(9) 购物/合计，见图3-30、图3-31。

①安排购物点；②添加备注内容；③输入完成后，单击"确定"按钮，完成全部操作。

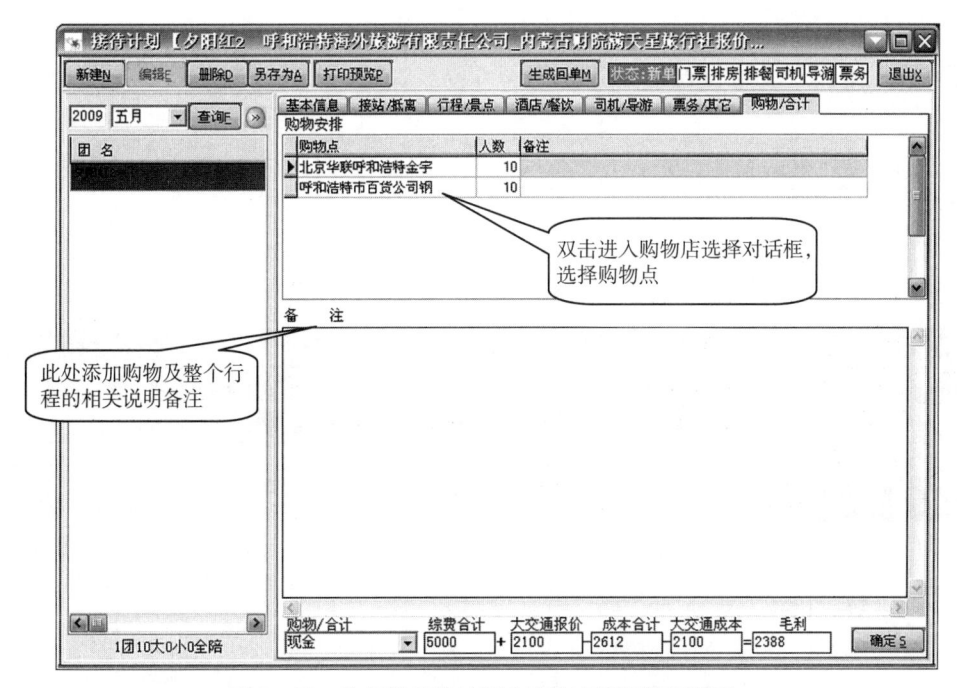

图 3－30　旅行社接待计划中购物安排再编辑界面

图 3－31　旅行社接待计划中购物店选择再编辑界面

二、接待计划的查询编辑

查询已制定好的接待计划，并根据实际情况的变动进行重新编辑，或以其他线路名称另存一张接待计划。

（1）筛选查询接待计划，点击"查询"按钮，如图3-32所示。

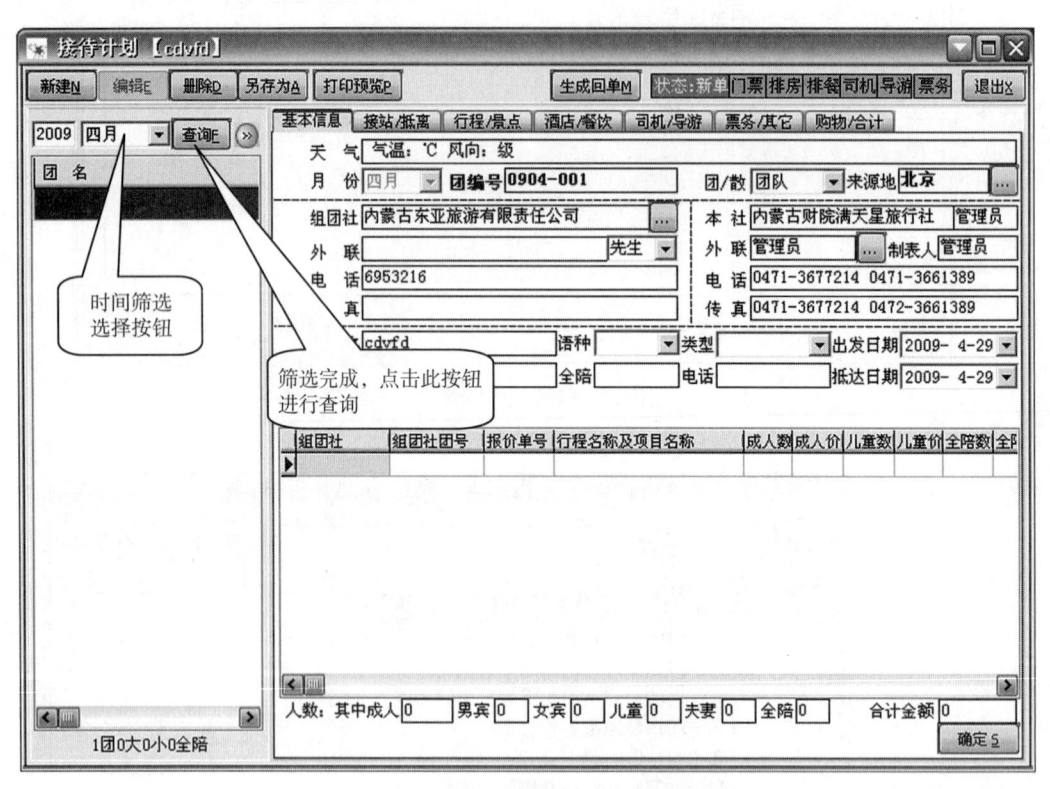

图3-32 旅行社接待计划再查询界面

（2）选择编辑团队，点击"编辑"按钮进行重新编辑。
（3）编辑的具体过程与新建操作相同。
（4）另存为：对于旧的接待计划进行重新编辑后希望用其他名称保存的接待计划，单击"另存为"按钮进行操作，如图3-33所示。

三、生成回单

将已制定好的并已完成接待计划导入单团核算，以便进行团队的账务核算等相关操作。

（1）选择编辑好的接待计划，点击"生成回单"，见图3-34。

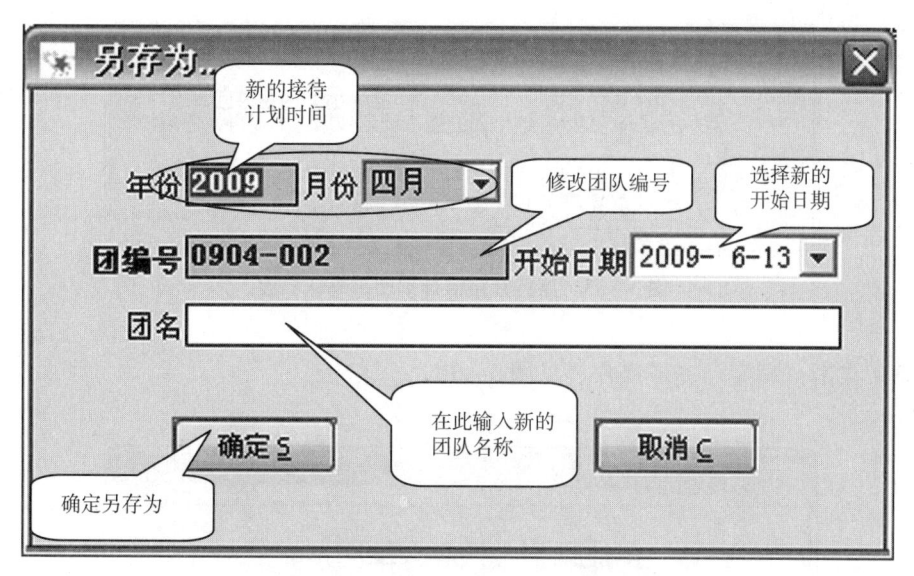

图 3-33　旅行社接待计划另存界面

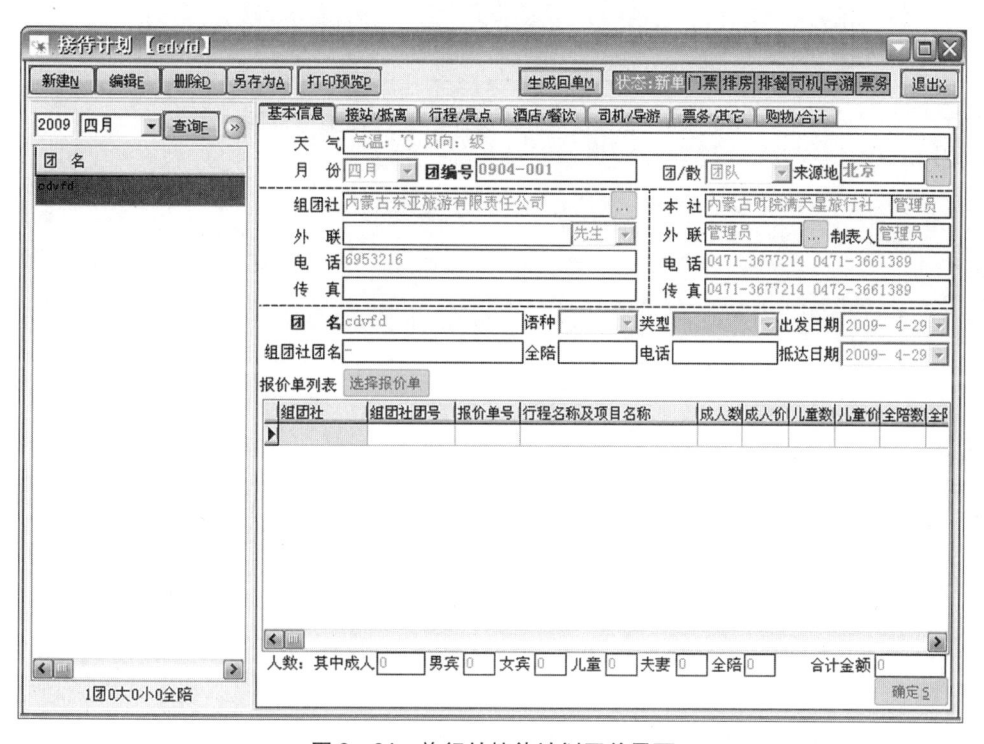

图 3-34　旅行社接待计划回单界面

（2）点击"是"生成回单，见图 3-35。

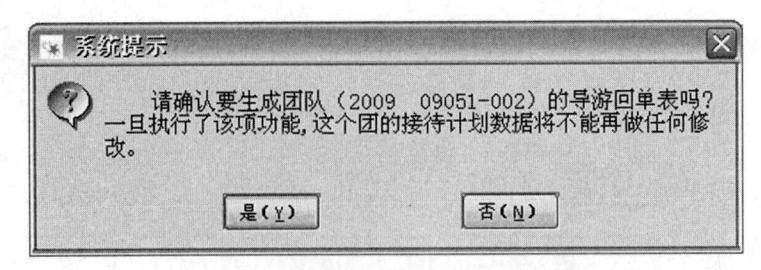

图 3-35　旅行社接待计划回单确认界面

（3）点击"确定"完成操作，见图 3-36。

图 3-36　旅行社接待计划回单导入单团核算界面

第四章　财务数据设置管理

本节主要学习单团核算、财务核账、财务结算。

第一节　单团核算

【实验目的】通过学习，掌握本软件单团核算的操作过程。
【主要内容】新建单团核算、计调审核、查询→编辑、打印预览。
【重点知识】核算审核。

【操作指导】

一、新建单团核算

建立新的团队费用核算单，通过直接输入核算团队的各项相关信息，核算团队的成本及盈利等，这是接团结束后的重要环节，并最终将此单报于财务审核。

（1）运行"单团核算"菜单中的"单团核算"，见图4-1。
（2）主程序桌面上双击"单团核算"图标，点击主菜单"新建"按钮进入"单团核算"编辑界面。
（3）基本信息，见图4-2。
①输入团队编号、团名、团队信息、双方联系人等相关信息；②输入综费清单；③核实合计费用并输入备注信息；④输入完成后，单击"提交"。
（4）票务/用车/导游，见图4-3。
①输入机车票务信息，完成点击"提交1"；②输入旅游用车费用信息，完成点击"提交2"；③输入导游费用信息，完成点击"提交3"。
（5）景点门票，见图4-4。
①根据行程安排输入行程时间、景点名称及门票底价等信息；②输入完成后，单击"提交4"。

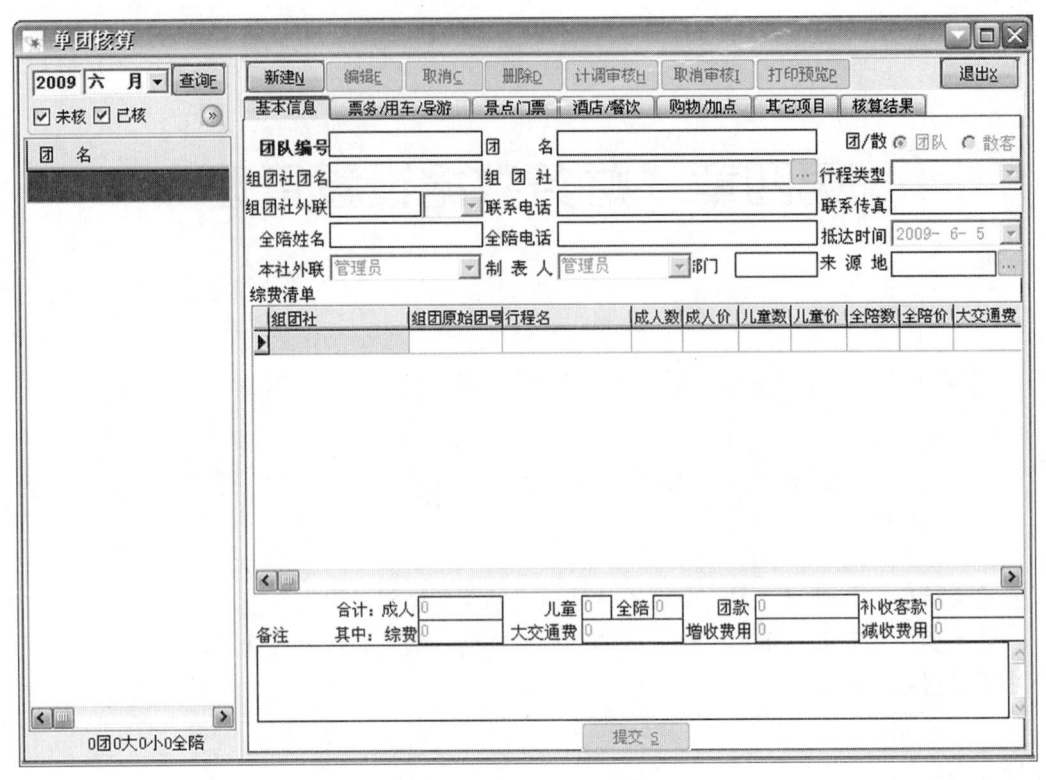

图 4－1　旅行社单团核算界面

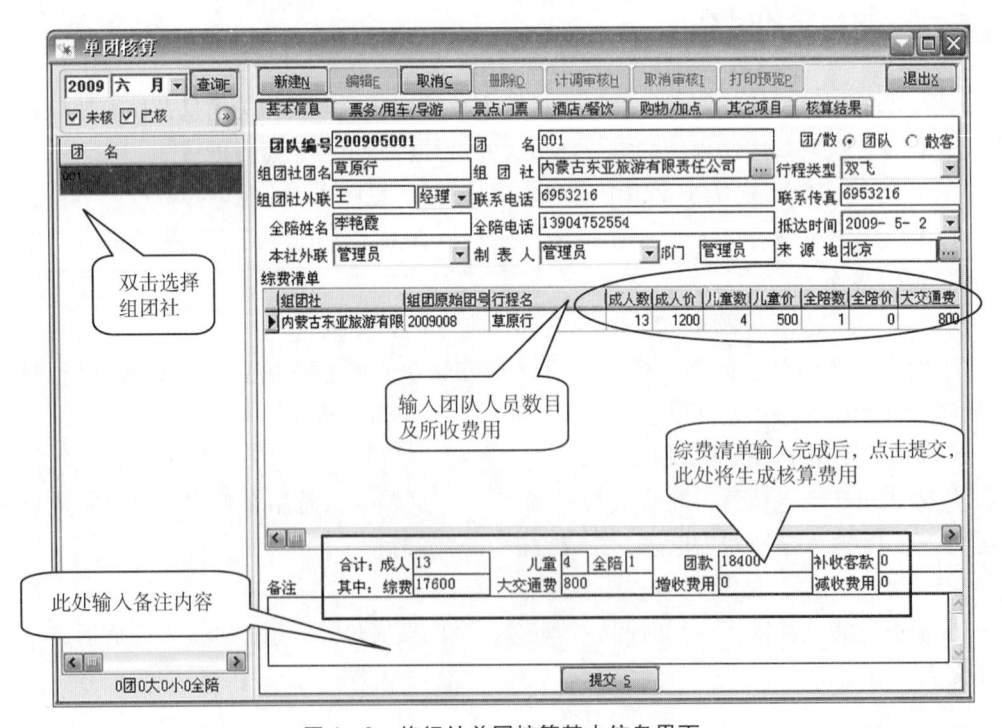

图 4－2　旅行社单团核算基本信息界面

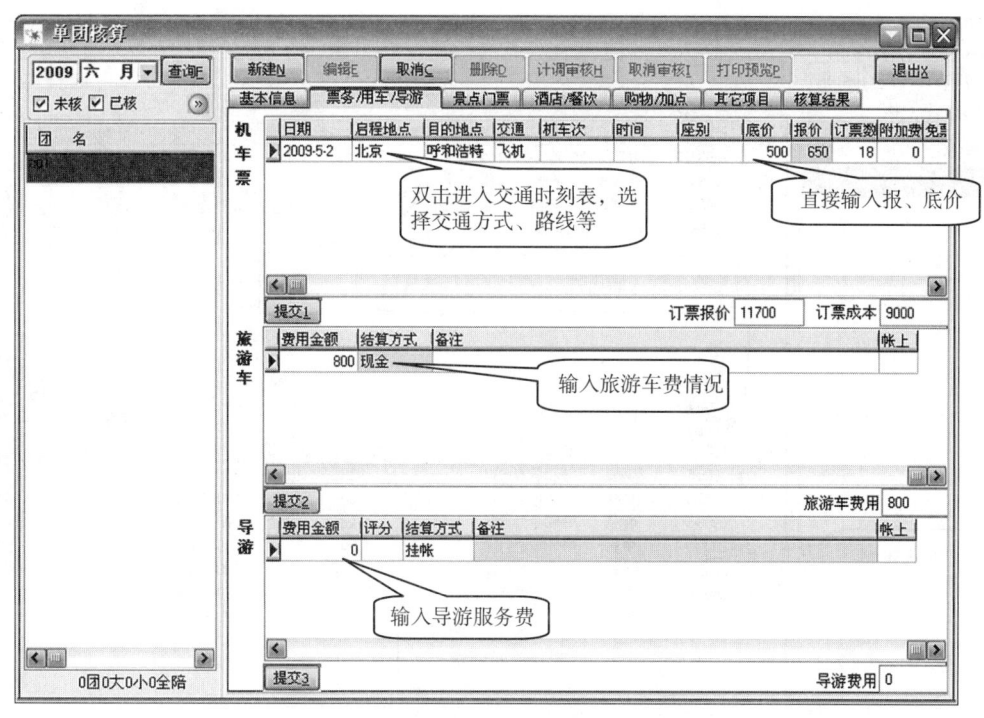

图 4-3 旅行社单团核算票车导核算界面

图 4-4 旅行社单团核算景点核算界面

（6）酒店/餐饮，见图 4-5、图 4-6、图 4-7。

①根据行程住宿安排选择住宿酒店信息，输入完成后，单击"提交 5"；②根据行程就餐安排选择餐饮点及餐标等相关信息，输入完成后，单击"提交 6"。

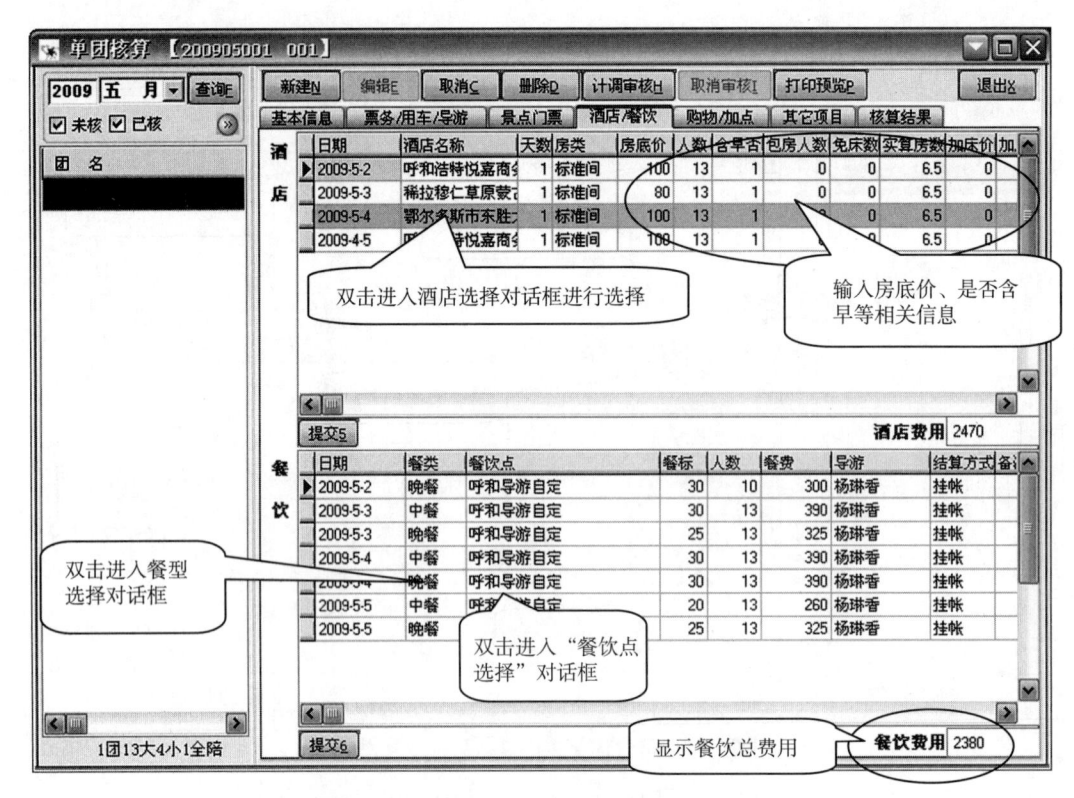

图 4-5　旅行社单团核算酒店餐饮核算界面

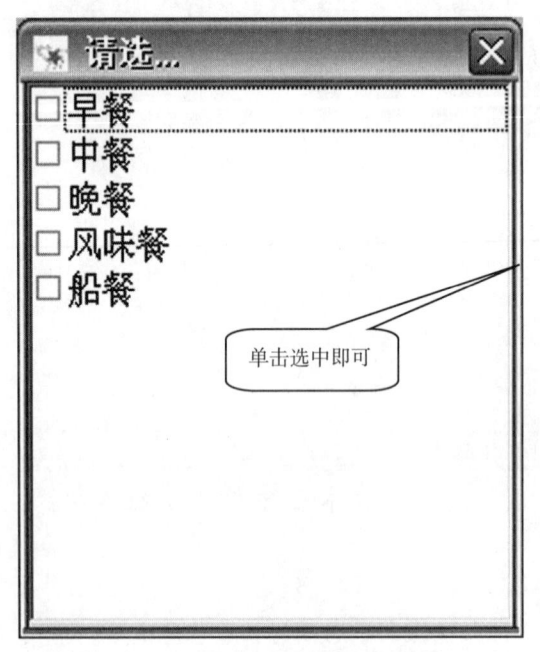

图 4-6　旅行社单团核算餐饮类型选择界面

图 4-7　旅行社单团核算餐饮地点核算界面

（7）购物/加点，见图 4-8。

①根据行程购物安排选择购物点并输入回率等相关信息，输入完成后，单击"提交7"；②根据行程就餐安排选择餐饮点及餐标等相关信息，输入完成后，单击"提交8"。

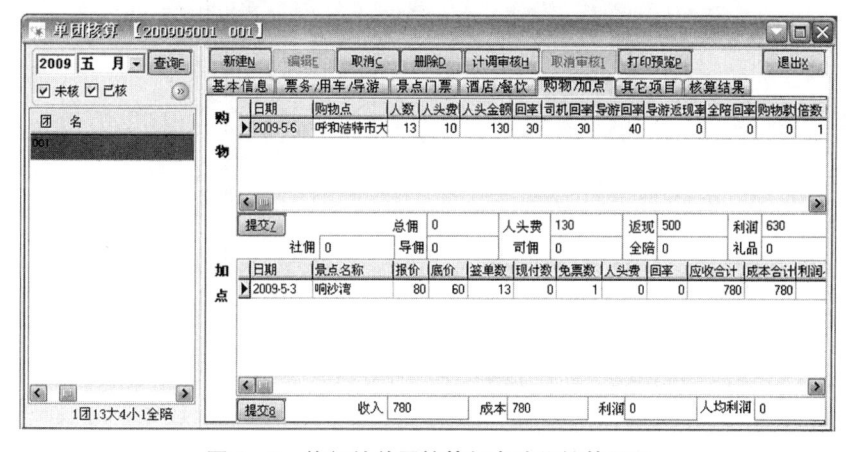

图 4-8　旅行社单团核算加点购物核算界面

49

(8) 其他项目，见图 4-9、图 4-10、图 4-11。

①根据整个行程花费的其他成本项目选择输入相关信息，输入完成后，单击"提交 9"；
②根据整个团队接待所需的外联费用选择输入相关信息，输入完成后，单击"提交 A"；
③根据在行程中一些额外的收入选择输入相关信息内容，输入完成后，单击"提交 B"。

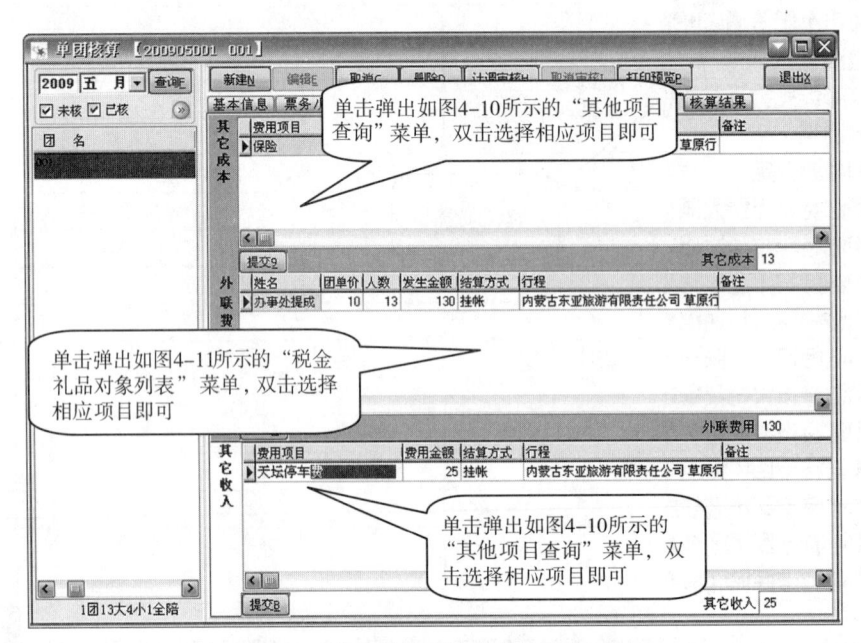

图 4-9 旅行社单团核算其他核算界面

图 4-10 旅行社单团核算其他项目查询界面

图 4-11　旅行社单团核算税金礼品对象列表界面

（9）核算结果，见图 4-12。

本项显示最终的团队核算的总体结果，详细显示团队支出、收入、成本及利润等（如图 4-12 所示），通过核对检查是否有操作错误，以便及时修改。

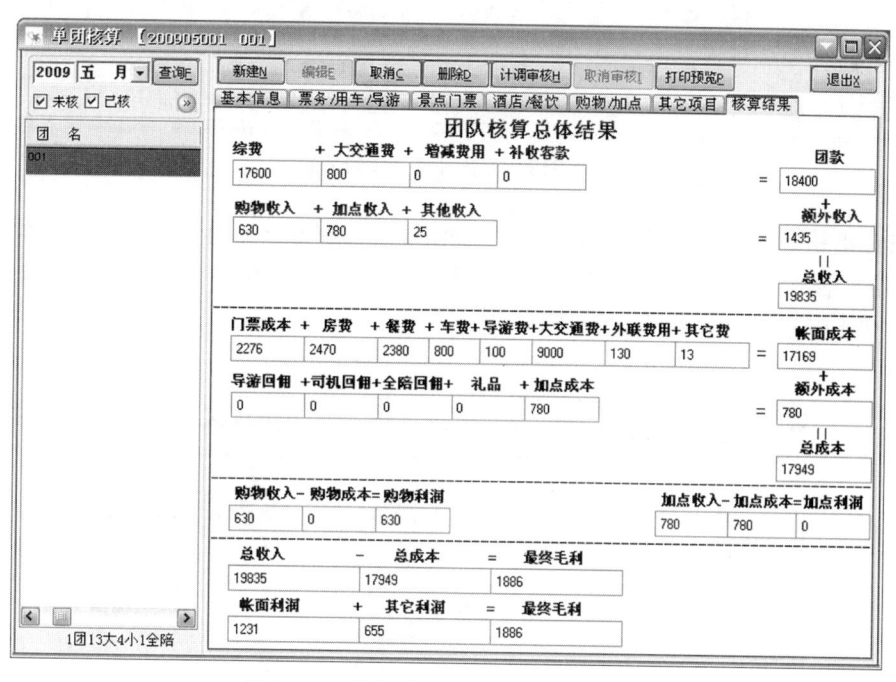

图 4-12　旅行社单团核算核算结果界面

二、计调审核

计调人员对整个团队的所有费用进行审核（如图4-13所示），确定后提交财务部门，由财务进行最终财务核算，同时也是团队报销等的依据。

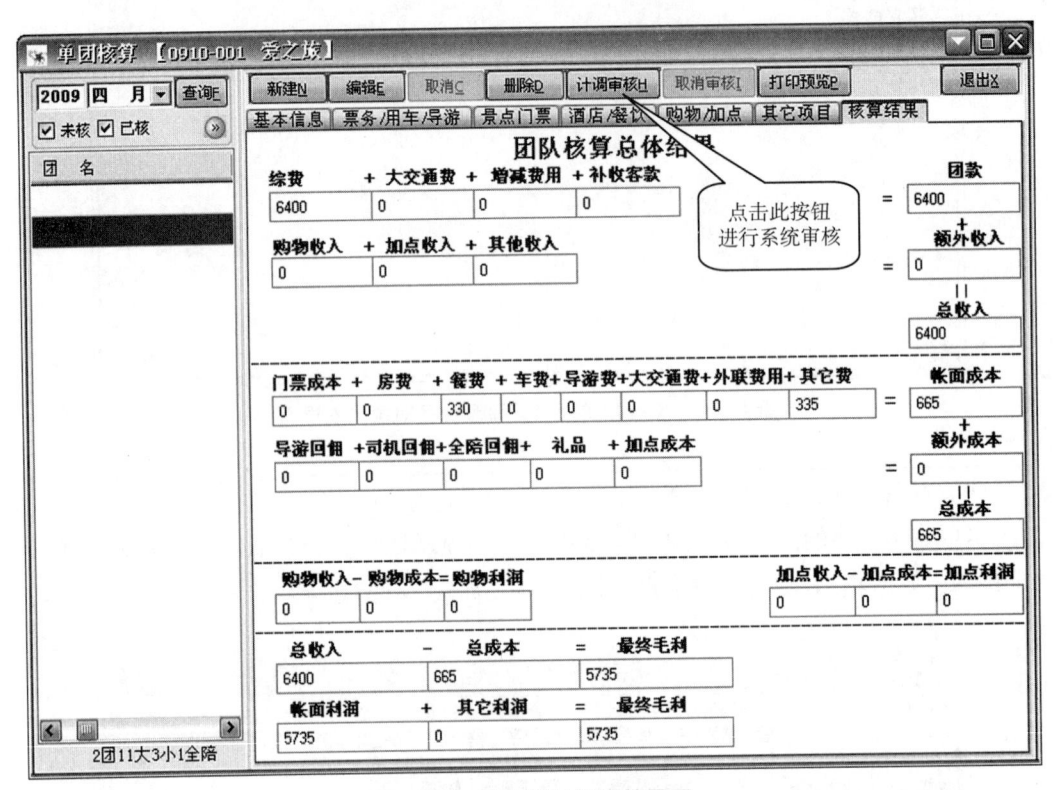

图4-13 旅行社计调审核界面

计调审核完成后，点击"计调审核"按钮进行系统审核。

（1）当系统审核出现问题时，将弹出对话框以示错误原因，如图4-14所示，此时只需按照提示错误原因进行修改即可。

图4-14 系统审核出现问题时旅行社计调审核界面

（2）系统审核无误后，将弹出如图4-15所示对话框。同意执行点击"是"，不同意则点击"否"。同意后将弹出如图4-16所示对话框，此时点击"确定"即可。

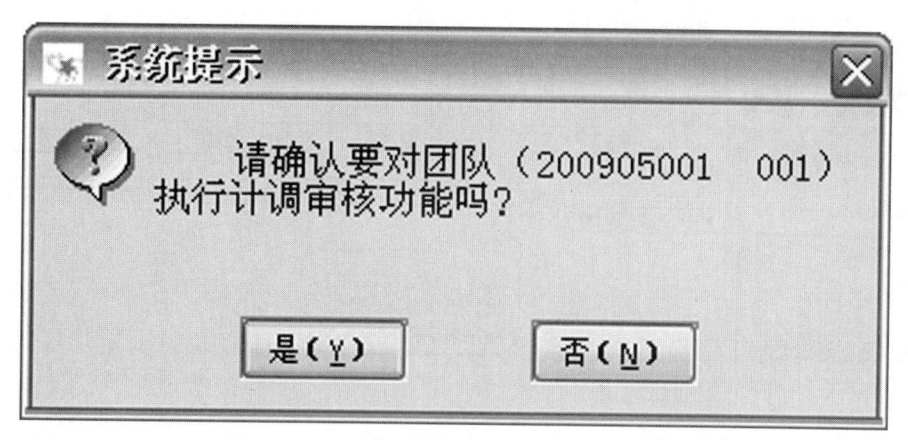

图4-15 系统审核无误后旅行社计调审核界面

图4-16 旅行社计调审核结束时界面

【提示】进行计调审核操作后，该团便不能进行编辑操作，如需进行编辑操作必须取消审核，具体操作是：选择已被审核的团名，点击"取消审核"按钮。

三、回单的查询编辑

将已经生成回单的接待计划在本处查询并进行编辑，最终对导入的接待计划进行团队核算，见图4-17。

（1）选择团单类型及日期，点击查询按钮。
（2）选中所要编辑的团名，然后点击"编辑"按钮即可进入编辑界面。
（3）其余内容的编辑操作与新建单团核算的内容操作相同。

旅行社管理信息系统

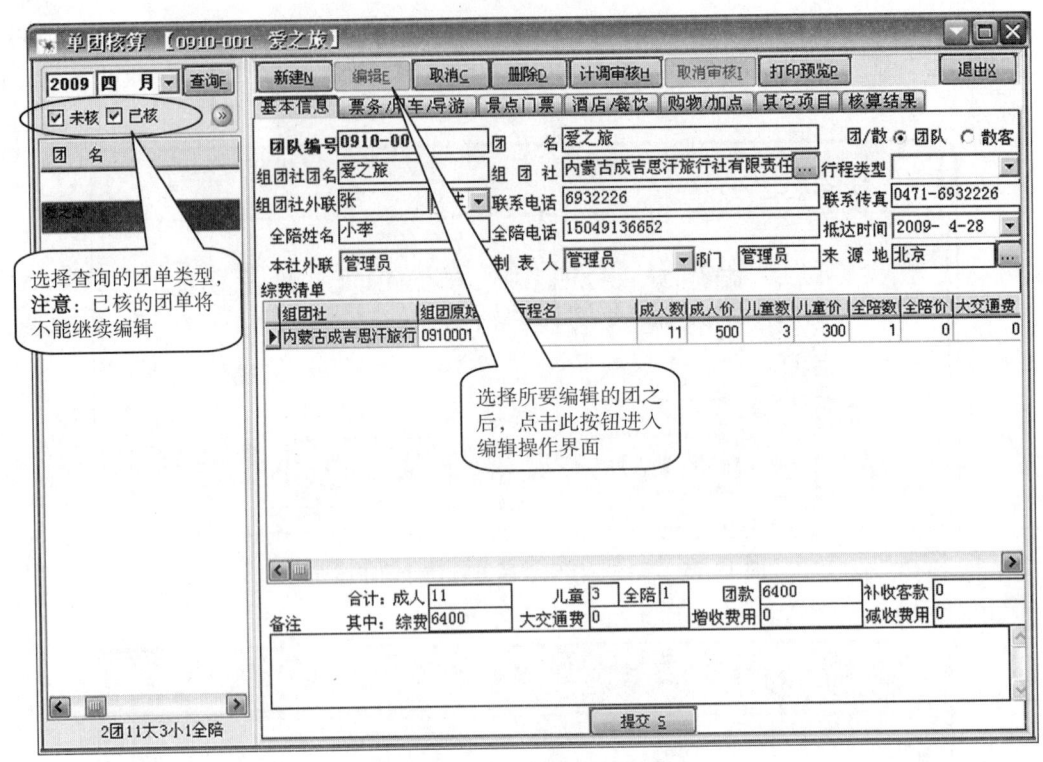

图 4-17 旅行社计调审核界面

第二节 财务核账

【实验目的】通过学习，掌握本软件财务核账的操作过程，理解旅行社内实际业务中的财务部门的基本业务。

【主要内容】本部分的操作包括团款账务、补收客款账务、酒店账务、景点账务等20个部分。

【重点知识】了解旅行社往来业务关系对企业财务的影响。

【操作指导】（以团款账务为例）

一、团款账务

查看审核已经结束的团款账务等内容或者新增相关账务并进行审核。
(1) 运行"财务核账"菜单中的"团款账务"。
(2) 主程序桌面上双击"财务核账"图标进入"财务核账"界面（见图 4-18），然后再选择双击"团款账务"，见图 4-19。

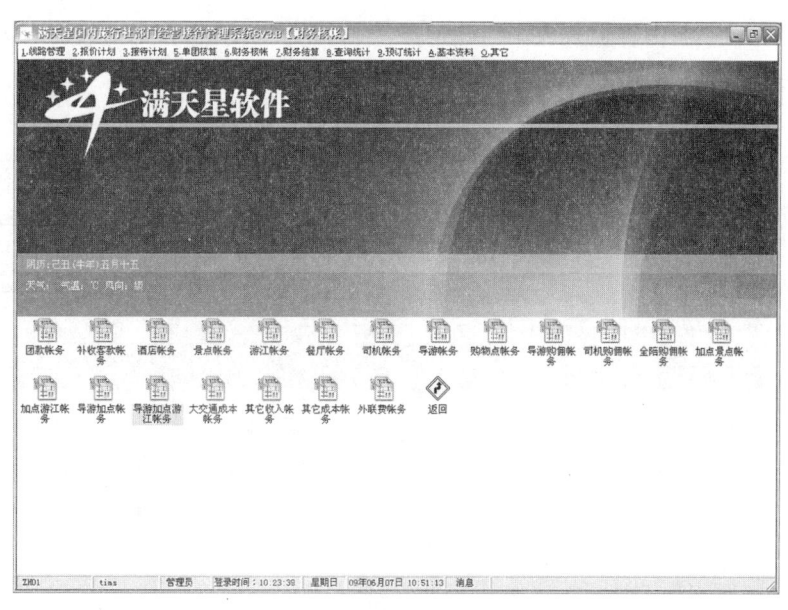

图4-18　旅行社财务核账界面

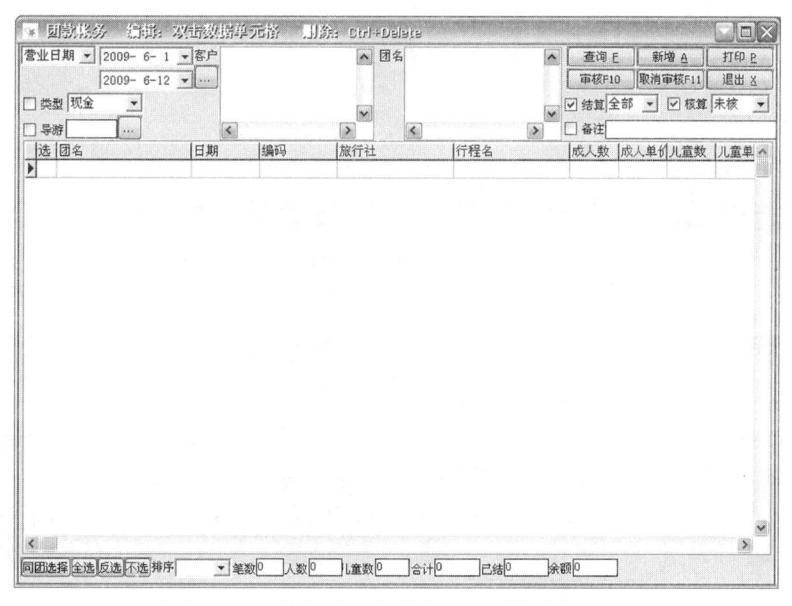

图4-19　旅行社财务核账——团款账务界面

(3) 查询账务，见图4-20。

①首先确定筛选的时间方式及时间区间，然后选择其他筛选方式来确定筛选的范围；②根据筛选要求，点击"查询"按钮进行查询。

(4) 新增账务。

①点击新增按钮，弹出如下菜单，见图4-21、图4-22；②添加新增记录，见图

4-23、图4-24；③内容输入完毕，确定点击"提交"按钮，否则点击"取消"按钮或点击关闭钮，见图4-25。

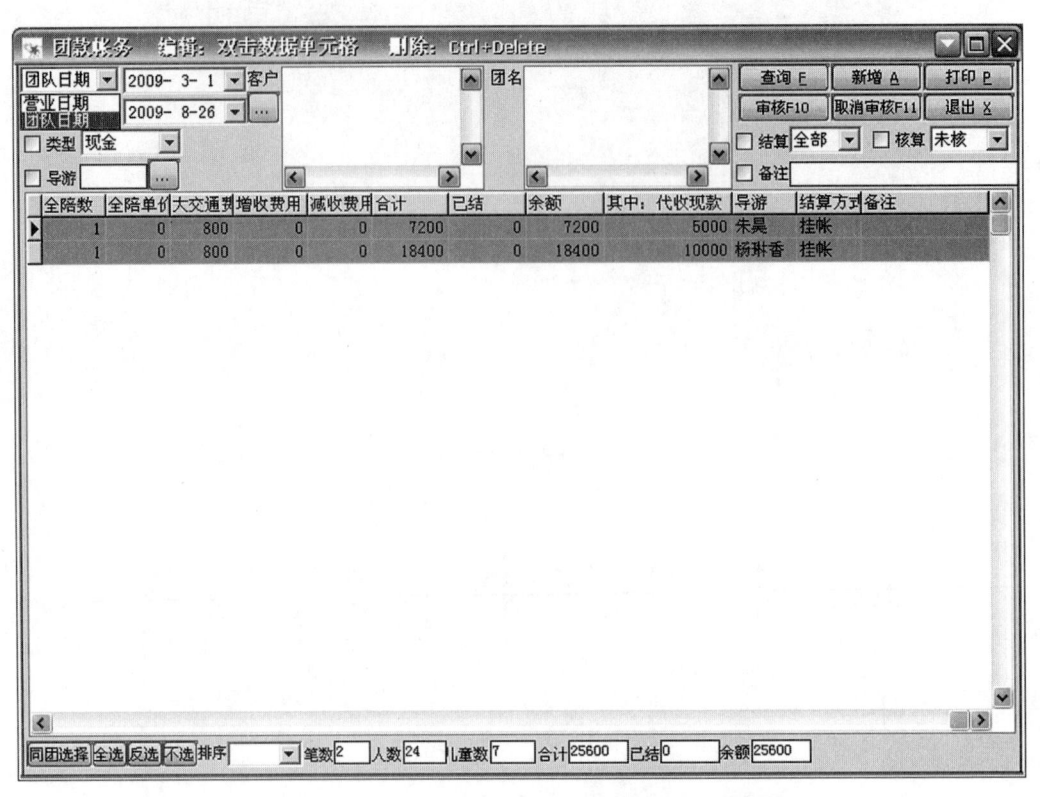

图4-20　旅行社财务核账——团款查询账务界面

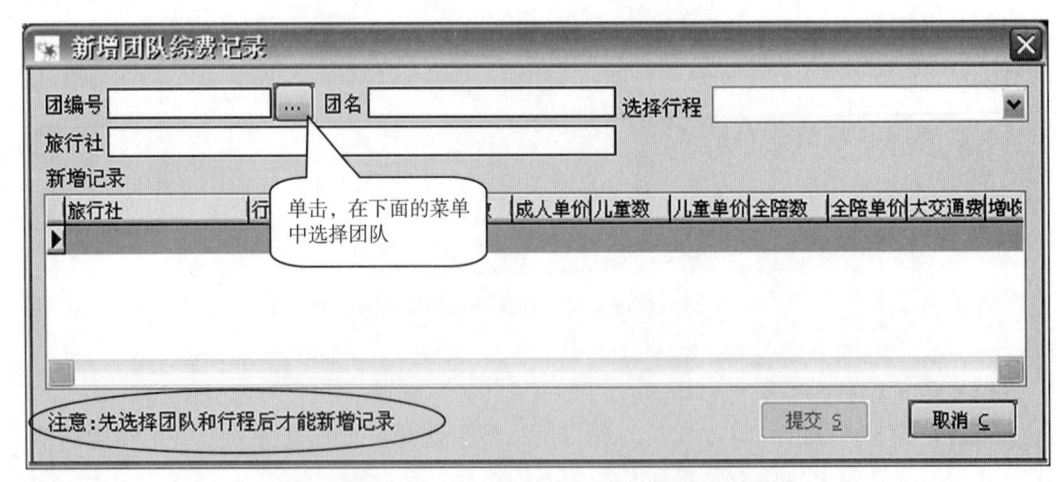

图4-21　旅行社财务核账——团款新增账务界面

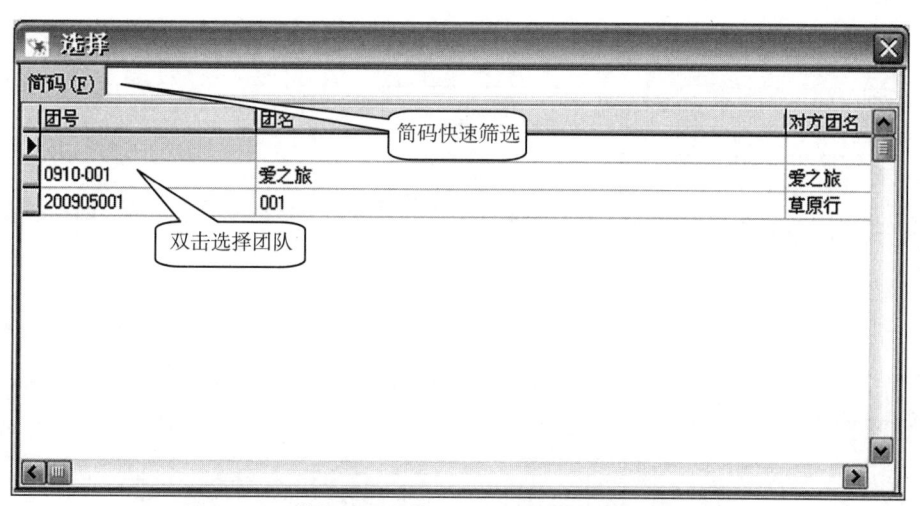

图 4-22　旅行社财务核账——团款团队快速选择界面

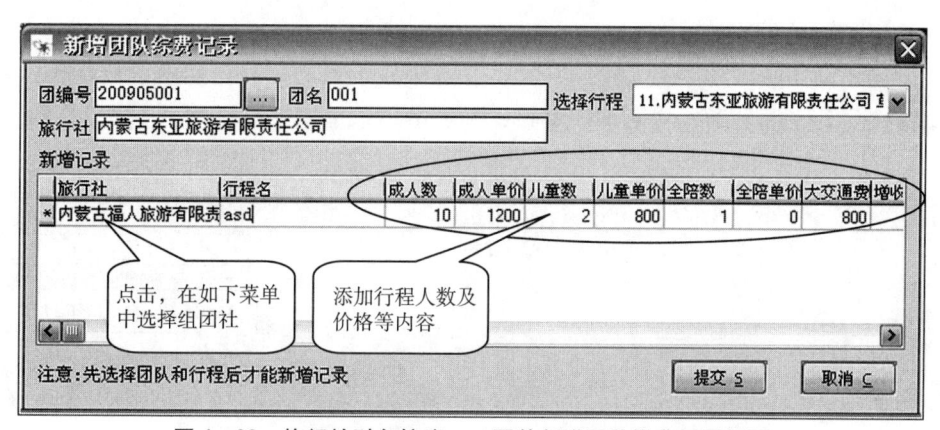

图 4-23　旅行社财务核账——团款新增团队缴费记录界面

图 4-24　旅行社财务核账——团款组团社选择界面

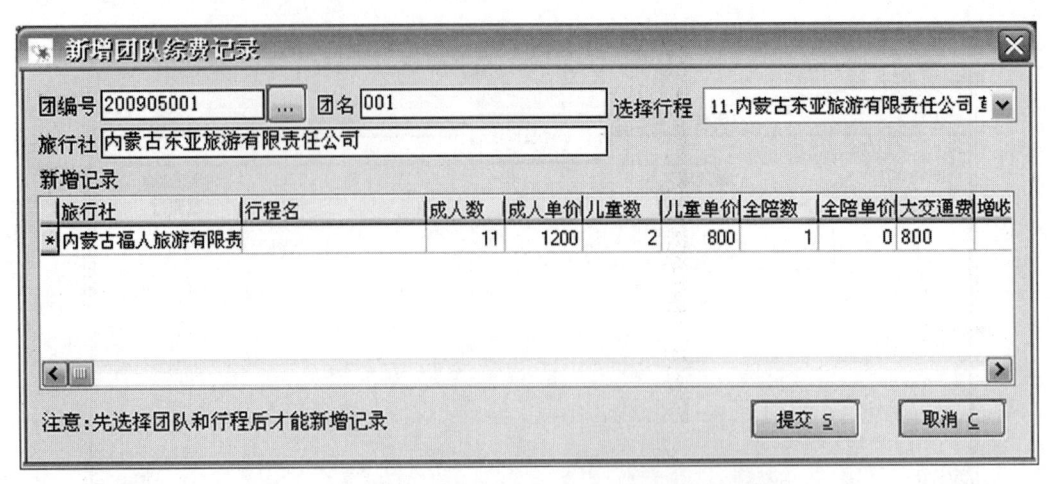

图4-25 旅行社财务核账——团款新增补款缴费界面

(5) 审核及取消审核。

①筛选出要审核的团队，见图4-26；②选中要审核的项目，点击审核按钮，显示如下对话框，见图4-27；③若取消审核，则点击"取消审核"即可。

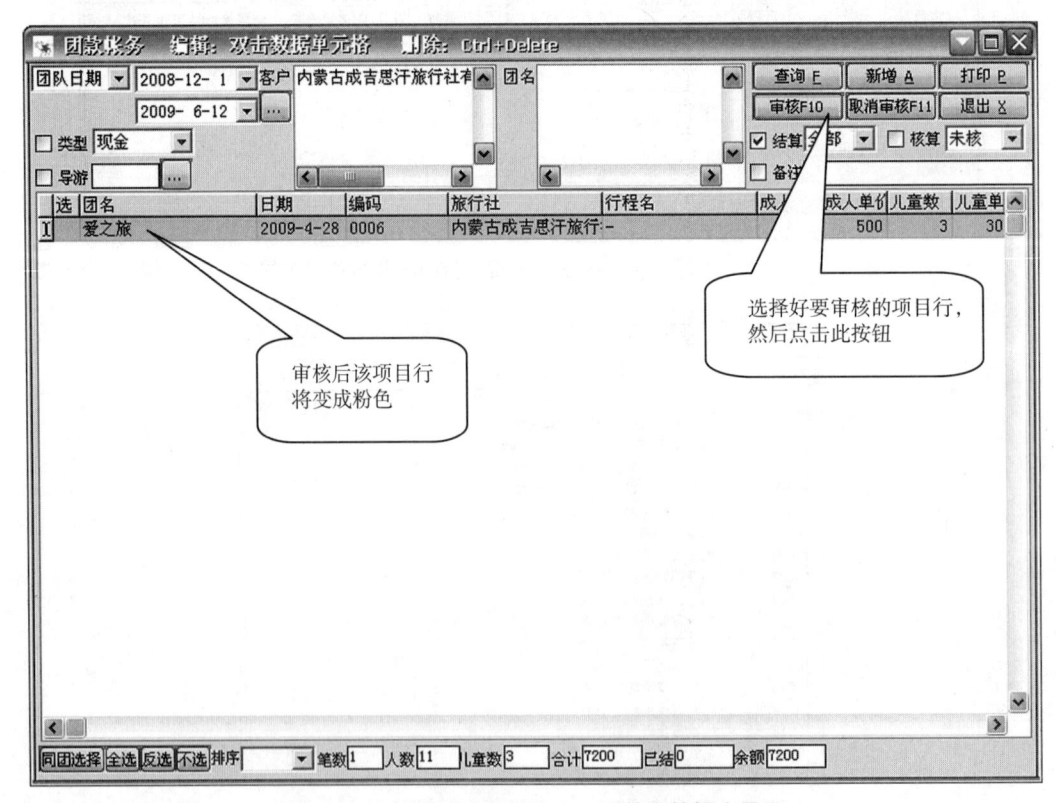

图4-26 旅行社财务核账——团款审核提交界面

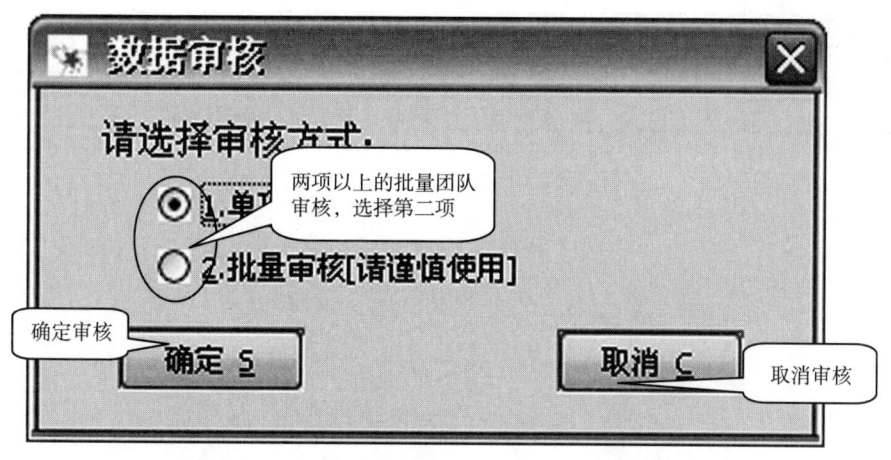

图 4-27 旅行社财务核账——团款数据审核界面

（6）打印。

对于需要打印的团款账务单据，点击"打印"按钮进行打印操作。

二、其他财务核账

补收客款账务、酒店账务、景点账务等核账业务操作程序与团款账务基本相同，此处不再赘述。

第三节 财务结算

【实验目的】通过学习，掌握本软件财务结算系统的操作过程。
【主要内容】团队账单明细，收支流水明细。
【重点知识】重点是学习企业盈利核算。

【操作指导】

一、团队账单明细

建立新的团队费用核算单，通过直接输入核算团队的各项相关信息，最终核算团队的成本及盈利等，这是接团结束后的重要环节，在旅行社实体中，最终要将此单报于财务审核。

（1）运行"团队账单明细1"的团账结算，见图4-28。

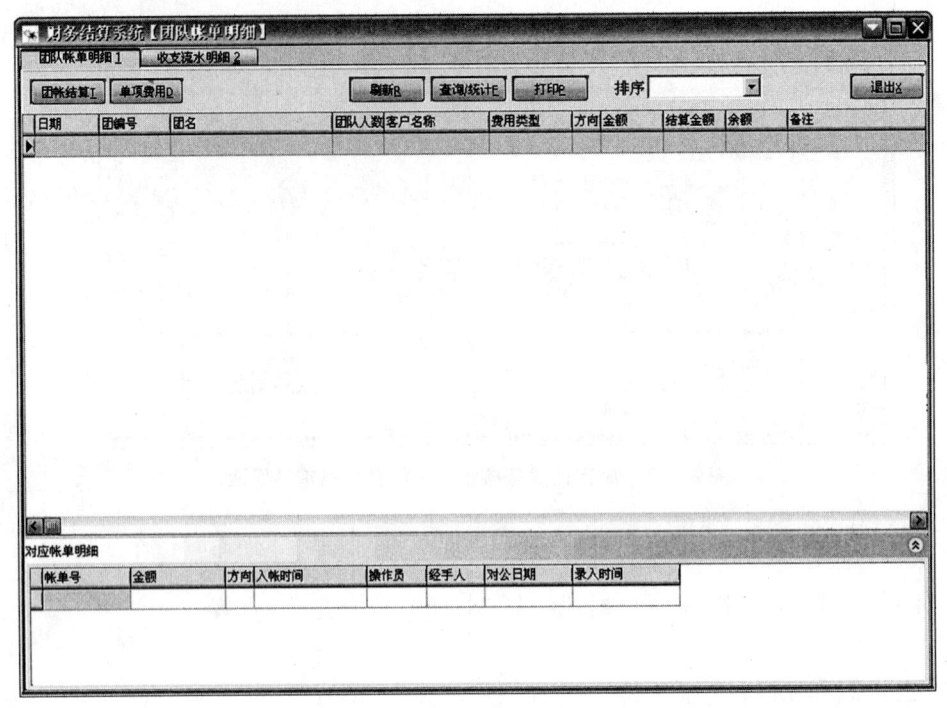

图 4-28　旅行社财务结算界面

（2）分别点击"收入、日期、客户类型"等，或分别点击"支出、日期、客户类型"。

（3）点击"下一步"显示其"团账收入"或"支出团账"。

（4）"调账"后打印"收入凭证"或"支出凭证"即可。

二、收支流水明细

收支流水明细基本同团队账单明细。

第五章 综合设计实验

本章通过两个软件的比较学习，主要明确不同软件的界面设计风格，不同模块的设计理念及体现方式，相同业务下业务流程的变动、软件自身的操作难易，存在问题及改进的可能性等。同时，通过分组实验操作，模拟旅行社实际状况，建立团队协作，共同完成系统操作。

第一节 软件的特点

一、信息库

（1）录入经过审批的酒店、车队、餐厅、景点等资料，杜绝不良单位的混入，规范旅行社协议单位管理，强化本社对合作单位的"主推、主打"优势。
（2）建立员工资料、组团社、地接社的客户资料，完善人力资源管理。
（3）实现网上考勤考核，提升公司现代化管理功能。
（4）根据"权责分明"的原则分配员工及部门的操作权限，真正实现各司其职，第一时间落实问题出现的原因及责任人。

二、报价

（1）统一、规范本社报价格式，避免出现不正规的报价书。
（2）自动修饰景点特点、游览方式及游览时间，省去烦琐的描述。
（3）可分列报价也可打包报价，并对不同权限的员工设置不同的"优惠额度"，避免员工盲目接团。
（4）自动合计各项分列报价功能，避免人工合计的误差。

三、确认

（1）统一、规范本社确认格式，符合行业标准并强化合同效力，避免无效及不利确认。保障旅行社自身的合法利益。

（2）设置"团款回收时限"并生成确认，关联后期"团款逾期警示"功能，保障团款安全。

（3）确认的内容及数据自动关联"接团要求""各项地接安排""导游接团计划""游客出团通知书""团款电子结算单""导游电子报账单""财务各项电子报表"等数表，减少传达环节，避免传达过程"误传、漏传"，实现地接"无缝"操作。

四、地接计调

（1）设置"确认信息框"提示，让计调第一时间网上接收到团队计划，缩短排团时间。

（2）自动生成"用车单""用房单""订票单""导游接团计划单"，减少手工书写环节，保障计调工作的准确率和工作效率。

（3）各项单据可预制各种接待要求，强化各部门的执行力。

（4）地接安排的结果自动发送"飞信"通知相关单位和人员，让相关人员第一时间掌握地接信息。

（5）自动统计人数及各项接待数据。

五、导游报账

（1）为导游员专属设计常规报账格式，一目了然，简单易"填"。

（2）导游员可随时随地网上报账，解决旺季导游员在外接团延误报账，从而影响团款结算的情况。

（3）自动统计导游员全年接团的人数、加点、购物、质量等历史记录，掌握导游员的全面工作效率，提高对导游队伍的管理。

（4）自动关联报账各项数据到相关部门及财务数据，保证结算及团队毛利的准确性。

六、财务审核

（1）设置初审、终审两道关卡，确保财务数据的正确率。

（2）即时生成结算单。

（3）按项目归类审核，使审核工作更简洁直观。内置算法，即录即得，避免手工计算时少算多算的情况，也能更直观地找出错误所在。

(4) 开设团款监控功能，即时了解团款动向。
(5) 能够与外办的结算实现网上互动。

七、财务结算

(1) 与传统结算相结合。例如酒店、景点等按月结的方式。
(2) 灵活掌握结算数目。即使出现应收与实收有差别的情况，也能很好地解决。
(3) 完善的结算记录。使所有结算操作都有据可查。

八、报表统计

(1) 完备的统计内容。囊括常规的报表格式，不需要手工制作统计报表，省时省力。
(2) 丰富的统计格式。根据所选条件自动生成相应的报表内容。
(3) 个性的统计方式。可以手动设置统计的内容，达到定制的效果。
(4) 炫丽的统计功能。通过彩色饼图、柱图等方式表达统计数据分布。

九、个性化操作

(1) 手机短信。支持即时短信、定时短信、生日提醒。员工或者客户生日时自动发送祝福短信，体现对他人的关注。
(2) 邮件群发。对新线路、新报价可以通过发邮件告知客户，实现零成本。
(3) 记事本。私人的备忘录。
(4) 系统权限分配。采用灵活的权限发配方式，不同的操作员具备不同的操作功能。
(5) 航班动态查询，火车时刻查询等。

第二节 综 合 实 验

综合实验操作系统界面见图 5-1、图 5-2。

旅行社管理信息系统

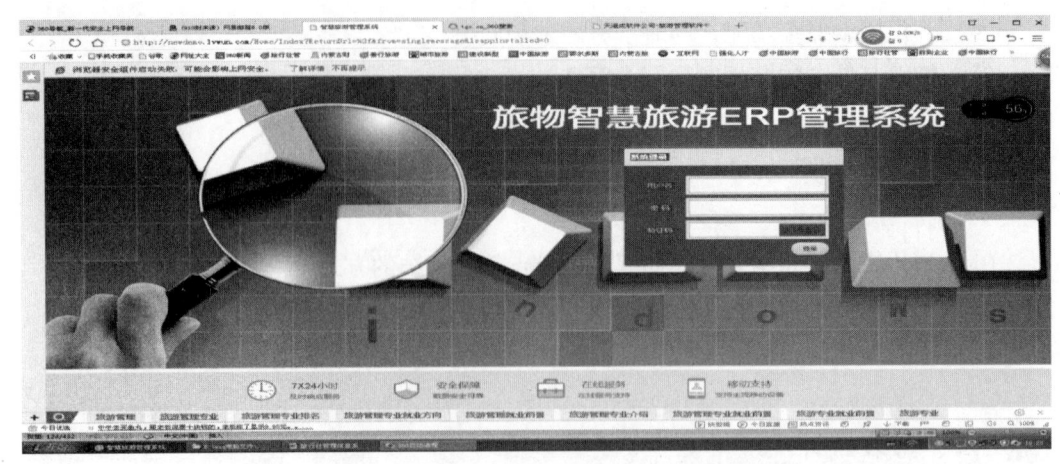

图 5-1　旅行社 ERP 管理系统登录界面

图 5-2　旅行社 ERP 管理系统主界面

一、基础信息

【实验目的】作为企业的各级管理者及基层工作人员，如何将自己的职能与管理信息系统有机结合。

【主要内容】依据职能进行的权限分配，密码设置。

【重点知识】权限设置。

【操作指导】

（1）分组。

（2）账号申请及分配（包括管理员、组长及组成员）。

（3）权限分配。

（4）组长制作 Excel 表格。

（5）分组系统创建成功后，组内成员重新登录并修改密码。详见表 5-1。

表 5-1　　　　　　　　　　旅行社部门及人员分组表

××班级第×小组

账号（学号）	姓名	性别	职务	权限	部门	人员类型	手机号码	登录密码	备注	签字
			部门经理	组长	班、组	行政人事				
			客服	客服		接待人员				
			全陪	全陪		接待人员				
			计调	计调		计调				
			导游	导游		导游			质量保证金1000元	
			结算会计	财务结算		财务				
			审核会计	财务审核		财务				

二、订单管理

【实验目的】对接送团的基本信息、线路信息、食住行交通信息的学习，建立数据库概念，掌握完整订单的管理。

【主要内容】接送团的基本信息、线路信息、食住行交通等信息数据的输入、修改、删除等。

【重点知识】掌握接送团订单管理的基本操作技能。

【操作指导】

（1）团名、对方团名。

（2）组团社、组团人、电话、传真。

（3）地接客服姓名、联系电话。

（4）某地游客于当年 7 月 18 日进行了为期 3 天的旅游活动，游客入住为准三星（订房）规格的酒店，用餐标准为 8 菜 1 汤。

（5）该团由 8 位成人及 2 名儿童组成。全陪 1 名。该团的用车标准是 12+2 金龙，同时该团不可进不可加，旅行社为该团预订了返程票，并同意回团现结。

（6）接站标志为本团团名，见表5-2。

表5-2　　　　　　　　　　　旅行社接送团车次表

接送团	是否接送	接送方式	接送班次	接送时间	出发-抵达
接团	是	火车	Z388	16：23	呼和浩特东-桂林北
送团	是	火车	Z336	14：04	桂林北-呼和浩特东

（7）成人费用为1500元，儿童1000元，未满5周岁500元随团费，见表5-3。

表5-3　　　　　　　　　　　旅行团人员表

客人姓名	证件	证件号码	手机	备注
李强	身份证			
钱媛	身份证			李强妻子
孙悦	身份证			单独睡一间房，无窗
王贺	身份证			
吴霞	身份证			
孙小悦	身份证			12岁140cm、单独睡一张床
郑乐	身份证			
郑小林	身份证			3岁、与母亲同床
赵钰	身份证			与郑乐一家
周敏	身份证			

（8）依次入住阳朔华天和阳光商务酒店，见表5-4。

表5-4　　　　　　　　　　　旅行团入住信息表

酒店名称	房型	住店人数（个）	用房数（个）	标价（元）	团价（元）	全陪房数（个）	全陪房价（元）	合计（元）	早餐	备注
阳朔华天	标准间	10	4	200	160	1	60	700	含	
阳朔华天	单人间	1	1	150	100	0	0	100	含	无窗
阳光商务酒店	标准间	10	4	240	200	1	80	880	含	
阳光商务酒店	单人间	1	1	180	140	0	0	140	含	无窗

（9）儿童半价，未满5周岁不收取门票，见表5-5。

表5-5　　　　　　　　　　　　　旅行团游览景点

景点名称	成人价（元）	全陪价（元）	全陪数（个）
接团，入住酒店	0	0	1
市内漓江	80	20	1
刘三姐大观园（80分钟）	100	20	1
赠：南溪山公园	0	0	1
侗家古寨	0	0	1
木龙湖*东盟园	80	20	1
漫步榕杉湖景区（约20分钟）	40	20	1
送火车	0	0	1

（10）三天行程，见表5-6。

表5-6　　　　　　　　　　　　　旅行团行程表

日期	行程	早	中	晚	购物店
第一天	【接团，入住酒店】		中	晚	
第二天	【市内漓江】【刘三姐大观园（80分钟）】【赠：南溪山公园】	早	中	晚	世纪华联（协商）
第三天	【侗家古寨】【木龙湖*东盟园】【漫步榕杉湖景区（约20分钟）】【送火车】	早	中		侗家古寨（协商）

（11）往返交通，见表5-7。

表5-7　　　　　　　　　　　　　旅行团往返交通价格表

交通方式	班次/座别	出发地/目的地	成人数/人价（元）	儿童数/人价（元）	手续费（元）/人
火车	Z388/硬卧下铺	呼和浩特东/桂林北	9/340	1/340	5
火车	Z336/硬卧下铺	桂林北/呼和浩特东	9/340	1/340	5

（12）团费综费包价成人每人1500元，儿童5周岁以上900元，五周岁以下500元。团费导游单价每人50元。现旅行团推出优惠政策，成人报团每人可减免80元。由于孙悦要求居住单人间，需补收房差。同时旅行社代付全陪费用400元。

(13) 确认单备注

①住宿:【客人用房: 1 标间】我社不提供自然单间,如出现单男单女由旅行社调整标间内加床或由客人补足房差包房(请交代客人出团前携带有效身份证件,如无身份证,酒店不予办理入住手续,产生的后果由客人自行承担)。

②用车:空调旅游车,保证每人一正座。家长所带的儿童,如未与组团社签订合同就抵达桂林的,我社对这部分儿童不承担任何责任,儿童家长应对儿童的人身及各种意外负全责,并承担因额外增加人数所产生的车费及其他费用。

③门票:景点第一道门票;儿童按照景区规定的高度进行收费,如超高则按门市价格现付或付我社。选派优秀国语导游接待。

④用餐:导游可自行调整餐厅。

餐厅备选:桂林备选餐厅有桂花香餐厅、玉满餐厅、桂星餐厅、金福楼餐厅;阳朔备选餐厅有万景商务餐厅、又益鑫餐厅、观月轩餐厅。

三、地接管理

【实验目的】了解全陪或导游协助地接导游完成消费者旅游接待。

【主要内容】按合同计划完成具体旅游全过程的"食住行游购娱"。同时,了解加点等变更合同的操作方法。

【重点知识】合同的履约状况。

【操作指导】

(1) 司机及用车,见表 5-8。

表 5-8　　　　　　　　旅行团往返交通(大巴车)价格表

所属车队	司机名	车型	车牌	电话	车费(元)	其他费(元)	现结(元)
旅游学院专用	旅游学院专用	12+2 金龙	蒙 A1111		900	50	950

(2) 导游,见表 5-9。

表 5-9　　　　　　　　旅行团导游价格表

导游名	手机	电话	导游服务费(元)	其他费用(元)	备用金(元)	开始日期	结束日期
小组导游	导游手机号		300	0	5000	根据题目要求填写	

（3）酒店费用全部现结。
（4）餐饮全部现结，见表5-10。

表5-10　　　　　　　　　　　旅行团餐饮价格表

日期	餐厅	人数	餐类	餐标（元）	结算餐标（元）	用餐成人数（个）	实签成人数（个）	儿童数（个）	其他费用（元）	备注
第一天	导游自订	8大2小	中餐	40	30	8	8	2	20	儿童
第一天	导游自订	8大2小	晚餐	40	30	8	8	2	20	儿童
第二天	阳朔华大	8大2小	早餐	20	0	8	8	2	0	儿童
第二天	桂宾楼	8大2小	中餐	40	30	8	8	2	20	儿童
第二天	桂山大酒店	8大2小	晚餐	40	30	8	8	2	20	儿童
第三天	阳光酒店	8大2小	早餐	20	0	8	8	2	0	儿童
第三天	丰鱼岩	8大2小	中餐	40	30	8	8	2	20	儿童

（5）门票。签付人为计调本人，所有门票现付款。
（6）加点。侗家古寨观光村，第三天参观，报价100元，底价80元，由导游填写。
（7）其他的核对无误后计调完成，进入导游报账环节。

四、导游报账管理

【实验目的】带团导游出团后的账务处理。
【主要内容】加点、购物（在此仅作为学习目的存在）及按合同约定的各项收支。
【重点知识】加点、购物等的核算方法。

【操作指导】

（1）加点，见表5-11。

表5-11　　　　　　　　　　　旅行团加点价格表

景点名	日期	报价（元）	底价（元）	其他费用（元）	签单人数	现付人数	免票人数	导游税金（元）	全陪人头（个）	全陪费（元）
侗家古寨观光村	第三天	100	80	现付0	0	7	0	30	10	30

（2）购物，见表5-12。
（3）所有花费项目均需要发票。
（4）其他核对无误后完成报账，打印报账详情单，进入下一环节。

表 5-12　　　　　　　　　　　旅行团购物价格表

行程	购物店	人数（个）	人头费（元）	购物金额（元）	店回率（%）	其他费用（元）	全陪佣金（元）	导游税金（元）	现收费用（元）
第二天	世纪华联	8	15	7500	35	200	200	30	2000
第三天	侗家古寨	7	10	5800	40	100	200	20	2000

五、团队初审管理

【实验目的】报财审前的内部审核，通过票据如实反映经济活动。

【主要内容】所有经济活动的往来账目。

【重点知识】计算正确，账实相符。

【操作指导】

（1）团队初审本小组团队单，对导游报账单进行报账审核。

（2）结算未结账款，未签付进行签付，并对所有项审核无误后进行团审。

（3）加点核算，见表 5-13。

表 5-13　　　　　　　　　　　旅行团加点核算表

门票名称	收客价（元）	导游底价（元）	结算价（元）	人数（个）			导游			司机			
^	^	^	^	签单	现付	免票	回率（%）	免率（%）	扣除（元）	姓名	回率（%）	油费（%）	扣除（元）
侗家古寨观光村	100	40	80	0	7	0	50	0	30	旅游学院专用	10	200	100

（4）购物核算，见表 5-14。

表 5-14　　　　　　　　　　　旅行团购物核算表

购物店	导游			司机			全陪		
^	姓名	回率（%）	扣除（元）	姓名	回率（%）	扣除（元）	回率（%）	佣金（元）
世纪华联	005	15	30	某某	5	75	2.67	200
侗家古寨	005	15	20	某某	5	90	3.45	200

（5）核算完成后进入财审。

六、团队财审管理

【实验目的】核算团队盈余状况。
【主要内容】所有项目的报价（对外标价）及采购价（底价、成本价）的审核。
【重点知识】掌握财务基本要求。

【操作指导】

（1）增加其他费用，见表5-15。

表5-15　　　　　　　　　旅行团其他费用价格表

大团名	收/支	项目名	金额（元）	现结/支出（元）	收付款	团审人	财审人
××班级第×小组	收入	提供游客服务费	180	180	导游	审核会计	审核会计

（2）所有项目审核无误后进入财审，对导游报账单进行报账结算，最后归档。

练习思考题

一、简答题

1. 为什么要给不同的用户设置权限？
2. 添加"新增用户"为什么必须由管理员进行？
3. 程序窗口主题风格、主程序主题图片等与新计划单、接待计划生成回单的关系是什么？
4. 简要描述报表页面组成及其功能。
5. 什么是 SQL 脚本？
6. 线路设计为什么要完整合理？
7. 在报价管理中涉及底价吗？为什么？
8. 请分析报价管理与线路设计的联系与区别。
9. 新建单团核算的关键程序是什么？
10. 单团核算为什么要计调人员参与？

二、综合操作练习题

自设省内三日游线路。要求：做出线路、报价、利润。

三、画图题

画出图 5-2 "旅行社 ERP 管理系统主界面"的框架图。

下篇　旅行社管理信息系统规划设计

近几年，随着旅行社信息化建设的深入，旅行社在实现"优化流程，业务运行电子化；畅通渠道，管理运行成本降低；规范运作，团队运行随时掌控；信息交互，业务往来信息实时记录"等方面，已经取得了较大的进步。因此，继续推进旅行社信息化管理，是提升旅行社竞争能力，在旅游产业链中发挥引领作用，实现经营管理的集团化和网络化，做大做强旅行社的必由之路。

旅行社管理信息系统是利用计算机技术和通信技术，对旅行社经营的所有信息进行综合管理和控制的以人为主体的人机综合系统。旅行社信息化产品的规划设计，一方面需要计算机、网络、通信等知识，另一方面需要管理知识、业务知识。作为旅行社工作人员，如何根据企业的发展，协助设计人员实现企业信息化目标，了解设计意图，准确提供信息就显得尤为重要。

第六章　旅行社管理信息系统设计分析

旧的系统如果不再适应发展变化了的环境，就可能提出开发新系统的要求，并做出新系统的开发规划。通过系统的分析、设计、实施，重新整合旅行社的功能需求，进一步提升旅行社管理信息系统的功能、效率，满足现代人的个性化服务要求，提高旅行社管理效率，增加效益。

第一节　旅行社管理信息系统现状

一、旅行社现状

×旅行社成立于1996年，经过几年的发展，到2000年时，发展成为一家中型旅行社，有员工35人，年营业额达到500万元。

×旅行社在没有进行信息化建设之前，旅行社业务发展也存在一系列问题，如各部门信息不能共享；手工信息管理混乱，容易出错，致使对旅游者的服务不到位；各部门统计报告提交延迟，致使销售部门不能及时得到信息反馈，企业工作重心不能快速转移。因此，旅行社领导决定开发一套适合本社的管理信息系统。

2002年，×旅行社外请专家及自有人员结合进行信息系统开发，采用C/S架构体系，基于Windows平台和SQL Server 6.5，于2005年完成并投入使用。旅行社管理信息系统的使用提高了企业的生产效率和管理效率，提高了企业的市场竞争能力，满足了旅游者的个性化服务需求。

由于系统建设早期的规划不够清晰，系统综合性和完整性不足，IT基础结构在便捷性、可靠性、安全性、可移植性和可控性等方面都不尽人意。同时，随着企业的不断发展壮大，到2015年底，×旅行社拥有控股和参股企业二十多家，员工1000多人，固定资产10多亿元。旅行社年服务人数超过两百万人次，年营业收入超过7亿元，提供的旅游服务和线路遍布世界各旅游地区和城市。因此，×旅行社决定再次升级改造旅行社管理信息系统。

二、旅行社管理信息系统现状

（一）旅行社管理信息系统功能模块和功能结构

×旅行社原有管理信息系统功能模块及功能结构如表6-1、图6-1所示。

表6-1　　　　　　　　旅行社管理信息系统功能模块表

序号	模块名称	内容提要
1	基础数据的设置及管理	系统登录、用户管理、密码修改、系统管理员设置、部门设置
2	系统设置	系统选项、附加功能
3	系统资料的设置	本社资料、部门设置、相关行业及人员信息设置
4	线路管理	线路信息、线路管理
5	报价计划	新建报价计划（基本信息、行程信息、餐/车/导/票、酒店/其他、合计）；查询、编辑
6	接待计划	新建接待计划（基本信息、接站/抵离、行程/景点、酒店/餐饮、司机/导游、票务/其他、购物/合计）；已有计划单导入等
7	单团核算	客户信息、新建单团核算、已接待团核算
8	财务核账	团款账务、补收客款账务、酒店账务、景点账务等
9	财务结算	团队账单明细、收支流水明细
10	查询、预订统计	收入、成本以及利润等、机车票务预定统计

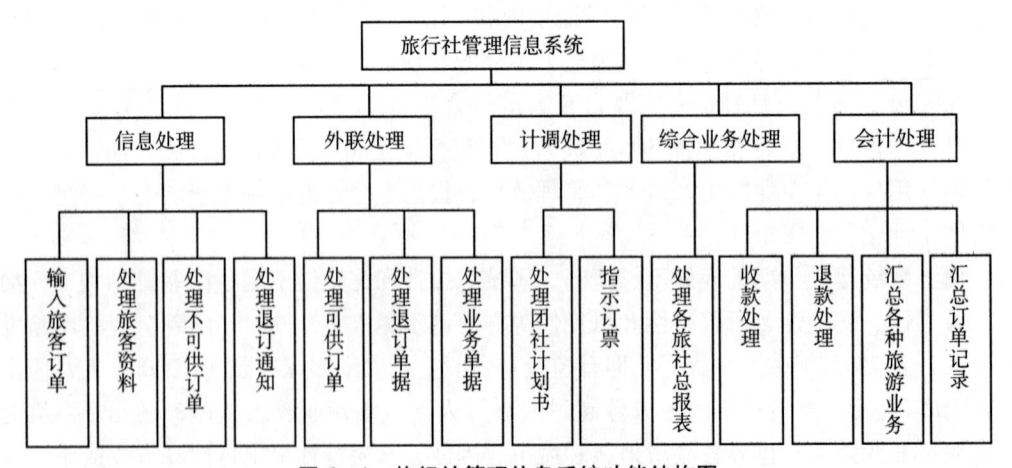

图6-1　旅行社管理信息系统功能结构图

（二）旅行社管理信息系统建立的基础

×旅行社原有管理信息系统建立的组织架构（如图 6-2 所示）和业务流程图示（如图 6-3 所示）。旅行社管理信息系统的设计需要考虑企业的具体业务和管理职能。

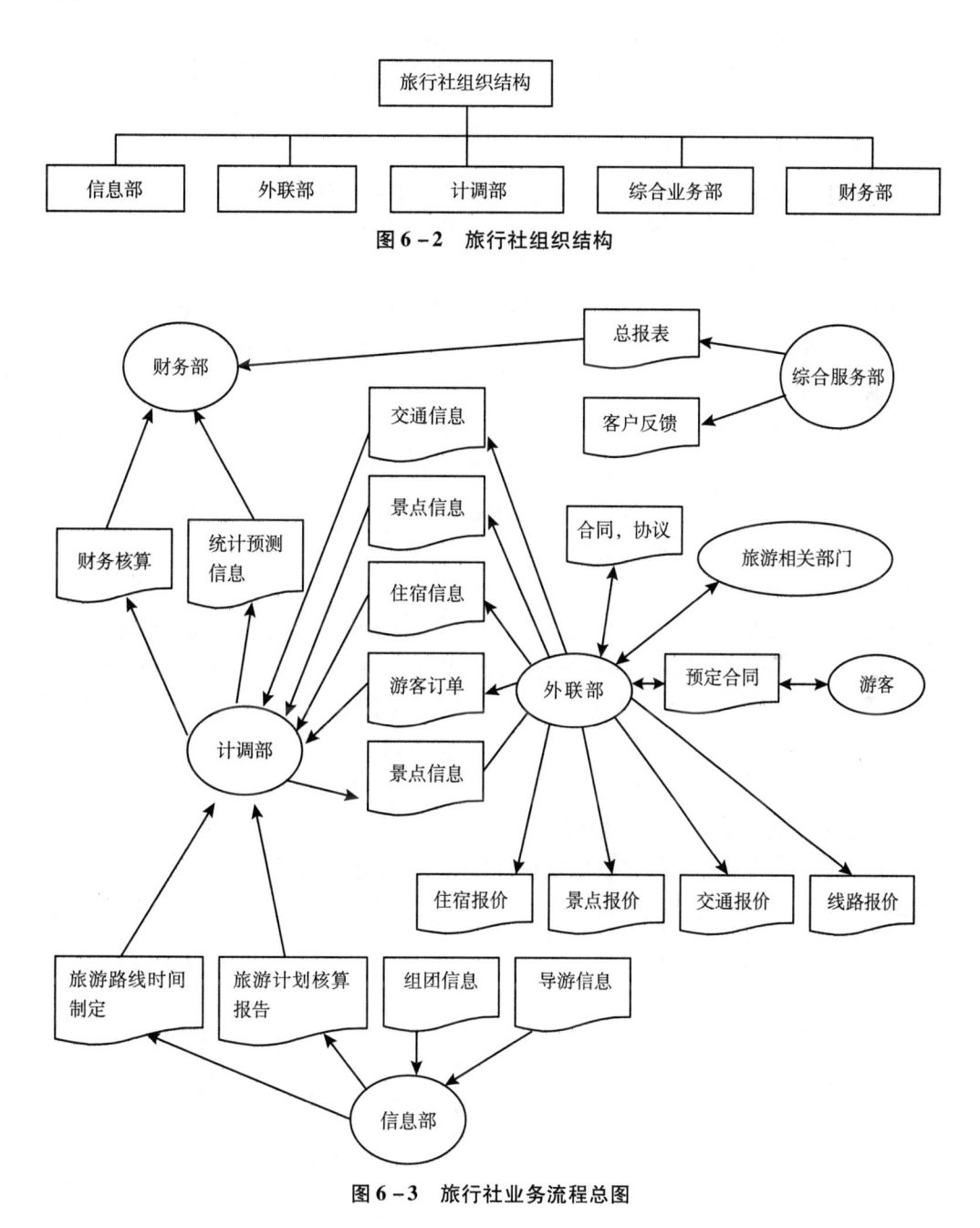

图 6-2　旅行社组织结构

图 6-3　旅行社业务流程总图

(三) 旅行社管理信息系统存在的问题

×旅行社原有管理信息系统随着企业业务量的增加，系统技术的落后，竞争的加剧等原因，越来越多地出现了一些不适应企业发展的问题，主要问题表现如下：

1. 线路策划不合理，报价速度慢

不能及时更新线路信息，不能载入大量网络信息资源。查询系统速度慢，报价迟缓。系统未能实时更新境外外币汇率变动，设计的路线往往未能达到最优，也无法满足客户的个性化需求。

2. 订单管理混乱

缺乏订单跟踪管理，订单管理混乱，对于恶意占位未能有效预警。系统对 Internet 电子商务销售的支持度低，系统缺乏灵活性、稳定性和安全性。

3. 团队控制不到位

团队计划信息滞后，散客拼团和拆团的信息更新慢，导致团队管理出现问题。相应的团队成本未能及时提供，没能对游客进行 ABC 分类管理，导致团队的组建不符合成本与效益的原则。

4. 会员管理不健全

只设计了客户信息维护系统，未能对大客户、会员客户给予特殊的管理及分级管理。没有适时提供积分等会员激励机制，系统未能有效进行客户关系管理。对于应收账款回收情况，系统应当设置监控管理。

5. 财务管理有漏洞

前台收银与发票开具的管理权限未能分开，需要配置定期监控的系统功能。财务管理系统仍处于会计核算阶段，不能给管理层提供决策分析指标，无法全面及时地描绘经营状况，财务管理应加强集中化管理。加强对下属公司的财务监控。实现旅行社统一的资金管理、财务核算成本与预算控制车队公司。财务管理应进行实时监控和科学决策。

6. 系统维护成本高，安全性能较差

系统升级和修复受原有技术框架限制，只能在一定范围内调整。各种系统软件不能有机融合，缺乏大规模使用的条件，后期维护成本、网络安全、科学运营机制等多方面存在问题，为旅行社日后发展带来隐患。

三、旅行社需求分析

根据×旅行社发展现状、原有管理信息系统存在的问题及未来发展的需要，旅行社需要一个新的信息系统将物流、资金流、信息流融为一体，将酒店系统、景区系统、票务系统和旅行社业务系统等系统集成到一块，规范业务流程，强化基础管理，建立快速的决策反馈机制。其改进的思路如图 6-4 所示。

图 6-4　新系统功能框架图

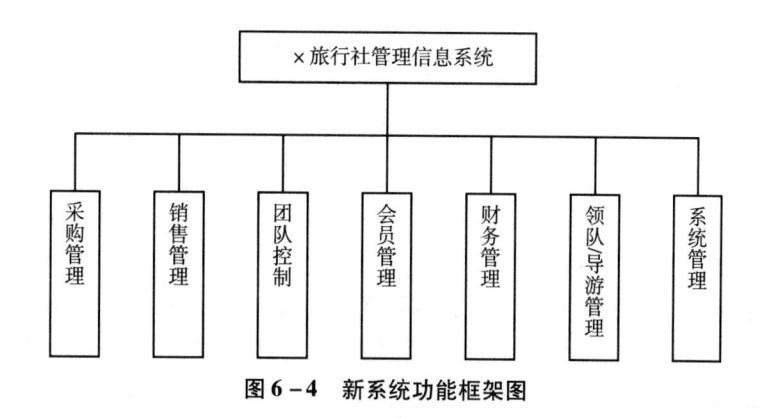

新系统是在原有功能模块的基础上整合、增加，模块具体功能如表 6-2 所示。

表 6-2　新系统功能模块

序号	实验名称	内容提要
1	采购管理	采购策划、线路信息、线路设计
2	销售管理	产品分类、产品发布、分类销售、订单处理
3	团队控制	团队信息、预警、团队管理
4	会员管理	客户信息、客户财审、使用授权、消费分析等
5	财务结算	收付款、借款、团队转款、发票、团队结算等
6	导游/领队管理	基本资料、带团安排、带团质量、借款报销等
7	系统管理	角色管理、用户管理、系统设置、权限管理、组织机构管理等

第二节　旅行社管理信息系统设计的要求

一、信息共享

旅行社和顾客之间信息共享很重要。只有及时准确地了解市场的信息以及市场需求的变化，及时地让顾客了解旅行社推出的新产品的信息，才能够实现旅游产品的销售目标，也才有可能培育新的市场、引导旅游者的消费。

实现旅行社和供应商之间的信息共享。旅行社是直接接触客源市场和了解旅游市场需求变化的一线企业，只有旅行社实现了和供应商之间的旅游市场需求信息共享机制，才能够准确及时地提供符合市场需求的旅游产品。

达到旅行社内部管理信息的共享。旅行社内部管理信息不仅包括顾客信息，即市场上顾客需求信息、顾客基本资料信息、顾客证件信息等；还包括供应商资料，主要有供应商的产品种类、价格、协议、供应商等级以及供应商的合作历史记录等；同时还应该让管理层能够简洁明了和直观地了解到各类数据的统计情况，为管理层提供决策依据。

二、总成本领先

总成本领先战略由美国哈佛大学商学院教授迈克尔·波特（Michael Porter）首先提出。成本领先要求坚决地建立起高效规模的生产设施，在经验的基础上全力以赴降低成本，抓紧成本与管理费用的控制，以及最大限度地减小研究开发、服务、推销、广告等方面的成本费用。为了达到这些目标，就要在管理方面对成本给予高度的重视。该公司成本较低，意味着当别的公司在竞争过程中已失去利润时，这个公司依然可以获得利润。赢得总成本最低的有利地位通常要求具备较高的相对市场份额或其他优势，诸如与供应方面的良好联系等，或许也可能要求产品的设计要便于制造生产，易于保持一个较宽的相关产品线以分散固定成本，以及为建立起批量而对所有主要顾客群进行服务。

对旅行社而言，建立一个销售统一、财务统一、业务管理统一的信息平台，提高效率，消除浪费，缩短时间，提高顾客满意度和公司竞争力，降低整个流程成本，大大有利于企业发展，从而形成迈克尔·波特提出的大型企业在"集聚、规模、低成本"三方面的竞争优势。

三、业务流程重组

我国大多数旅行社处于"弱、小、散、差"的状况。美国麻省理工学院教授迈克·哈默（M. Hammer）与詹姆斯·钱皮（J. Champy）提出的业务流程重组（Business Process Reengineering，BPR）理论，对于大多数中国旅行社企业结合信息化进行业务流程重组，走出困境有一定的帮助。

企业流程再造，"是对企业的业务流程作根本性的思考和彻底重建"，其目的是"在成本，质量，服务和速度等方面取得显著的改善"，使企业能最大限度地适应以"顾客（customer）、竞争（competition）、变化（change）"为特征的现代企业经营环境。

BPR 理论的主要思想：
(1) 从职能管理到面向业务流程管理的转变。
(2) 注重整体流程最优的系统思想。
(3) 组织为流程而定，而不是流程为组织而定。
(4) 充分发挥企业每个人在整体业务流程中的作用。
(5) 客户与供应商是企业整体流程的一部分。

(6) 信息技术的使用以及信息资源的一次性获取与共享。

以 BPR 理论为指导设计建设的旅行社业务管理平台,由于对旅行社的业务流程进行了根本性地重新思考和彻底性地重新设计,再造了新的业务流程,可以在速度、质量、成本、服务(TQCS)等各项经营指标上取得明显的进步。

四、价值链

"价值链"(Value Chain)最初是由美国哈佛大学商学院教授迈克尔·波特于 1985 年提出来的。波特认为,"每一个企业都是在设计、生产、销售、发送和辅助其产品的过程中进行种种活动的集合体。所有这些活动可以用一个价值链来表明"。

从一个旅行社企业的微观经济,或业务管理的观点来说,"价值链"是面向竞争的商业分析工具,是为制定战略服务的。一个公司的价值链包括其价值活动和利润值。价值活动是为用户创造价值的过程,在旅行社业务中包括采购旅游资源、产品策划和设计、游客营销、客户服务、质量监控、团队操控等过程。在这些过程中有效的驱动力来自于企业各类资源的支持活动,如人力资源、资金资源、信息资源等。利润率是指总价值和进行价值活动的成本之间的差值。只有当价值链中各个环节"无摩擦"地相互作用,才能保证创造出足够的价值。

价值链理论是对旅行社业务流程进行重新设计和彻底改造的重要依据,只有梳理了业务流程的价值活动和利润产生的途径,才能科学有效地对业务流程进行再造。

五、供应链

供应链理论的主要内容是:供应链从材料的供应开始,经过不同企业的制造加工、组装、分销等过程直到最终用户。节点企业在用户需要信息的驱动下,通过供应链的职能分工与合作,以资金流、物流为媒介实现供应链的不断增值。供应链图 6-5 所示。

供应商 ⇄ 制造商 ⇄ 分销商 ⇄ 零售商 ⇄ 用户

图 6-5 企业供应链图

将供应链理论应用到旅行社行业,就可以描述成如图 6-6 所示的结构。

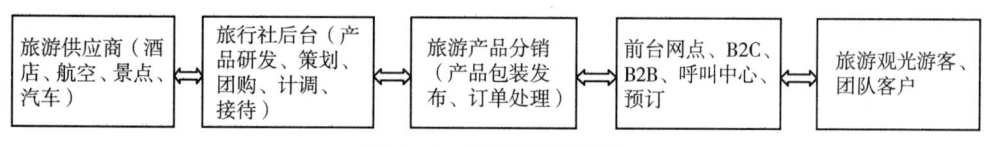

旅游供应商(酒店、航空、景点、汽车)⇄ 旅行社后台(产品研发、策划、团购、计调、接待)⇄ 旅游产品分销(产品包装发布、订单处理)⇄ 前台网点、B2C、B2B、呼叫中心、预订 ⇄ 旅游观光游客、团队客户

图 6-6 旅行社供应链图

供应链理论在厘清供应链各环节不同分工、责任和职能的前提下，有助于实现旅行社管理信息系统体系整体与分工、耦合与协同、系统与模块等多方面的优化配置。而这种优化配置，对于旅行社这种跨区域、全业态、多功能需求的企业来讲，是非常有需要和必要的。

第七章　旅行社管理信息系统设计

旅行社管理信息系统的设计需要具备对业务精准分析的能力，也要具备将业务流程转化为数据流程的能力。在此基础上通过数据字典、系统代码设计、数据库设计及输入输出等环节，才能最终完成。本章的意图在于建立旅行社各类人员的设计理念，更好地实现系统设计。

第一节　旅行社业务流程

一、采购管理的业务流程

旅行社采购管理业务主要包括采购策划、线路信息与线路设计部分，如图7-1所示。采购策划的业务主要是企业自主研发产品或按消费者要求进行产品设计，获取线路中食、住、行、游、购、娱等线路生产所必需的信息，最后将其按照一定原则、成本控制等要求组合成市场所需的线路。

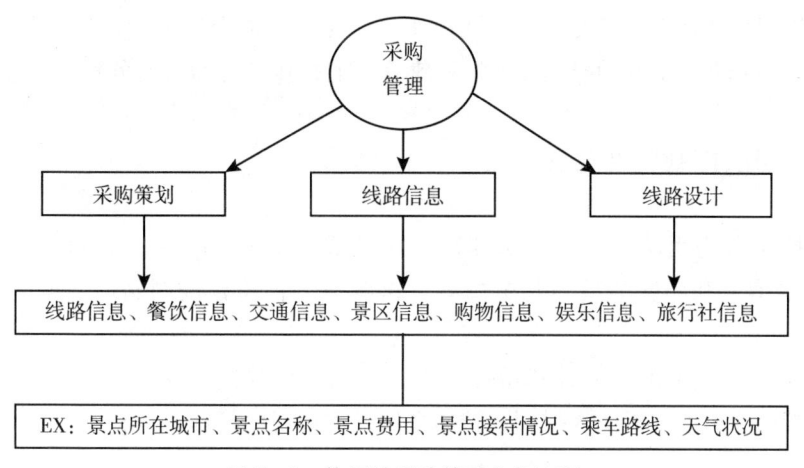

图7-1　旅行社采购管理业务流程

线路信息中的平台发布应该能够通过平台查询各类线路信息，如常规信息、分类信息、特色信息等，各种票务信息、演出信息、特色产品信息、交通信息、其他服务信息，如天气、医疗等，应该不厌其详地更新、发布各类信息。

线路设计应该考虑消费者的花费标准、旅游时间、出发地、景区景点的选择等，系统对新增、修改等导入方便灵活，既能量身定做，又能满足一般出游的要求。

二、销售管理的业务流程

旅行社销售管理业务分为线路产品发布和订单管理两个部分，如图7-2所示。线路产品中要做好分类管理、分类销售，产品营销在此很重要。主要根据采购管理部门精心生产的产品，通过图片、动漫、小视频、文字等方式充分展示出来，销售渠道要有利于产品广泛传播，同行、门店、网上商城、微信等传播渠道都是较好的选择，产品要能实时在线交易。

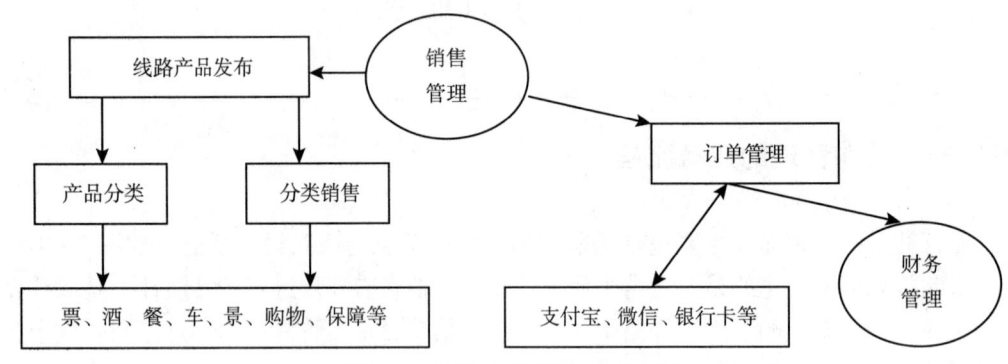

图7-2 旅行社销售管理业务流程

订单管理主要负责产品的销售，其管理中不可缺少的是支付的便捷性及订单的快速处理，系统的线上线下互动极为重要。销售管理的外接口必须与财务管理相连接。

三、团队控制的业务流程

团队控制分为团队信息、团队预警、团队管理，如图7-3所示。团队信息包括团队基本信息和团队的报名状况如满、未满等，在前台或网站能及时看到更新的信息。

团队预警主要控制一些出团间隔、恶意占位等，将这些信息及时传到前台。

团队管理主要解决拆团、拼团、转团事项，实现规模管理。

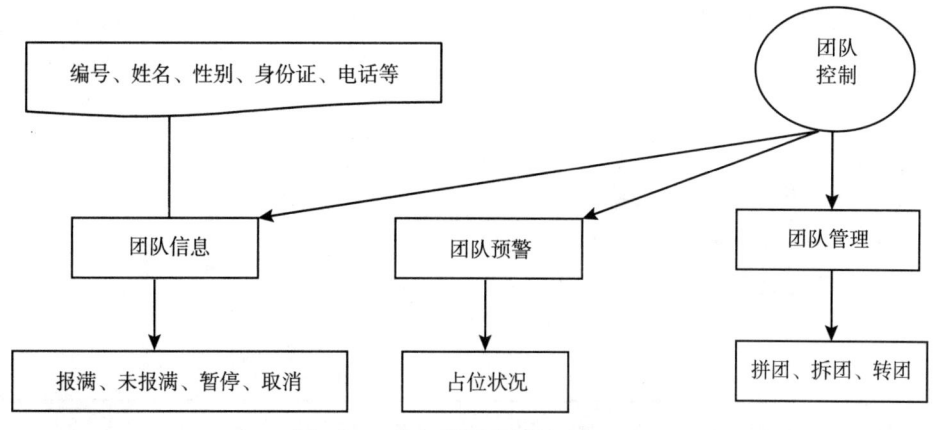

图 7-3　旅行社团队控制业务流程

四、会员管理的业务流程

会员管理主要包括客户资料管理和统计、客户满意度、客户互动平台，如图 7-4 所示。客户资料的增减、修改、删除，客户信息的提示（如生日），客户资料的导出、打印（如信封）。这些都要与企业的要求相符，系统还应按照一定的分类要求，实现客户分类管理。

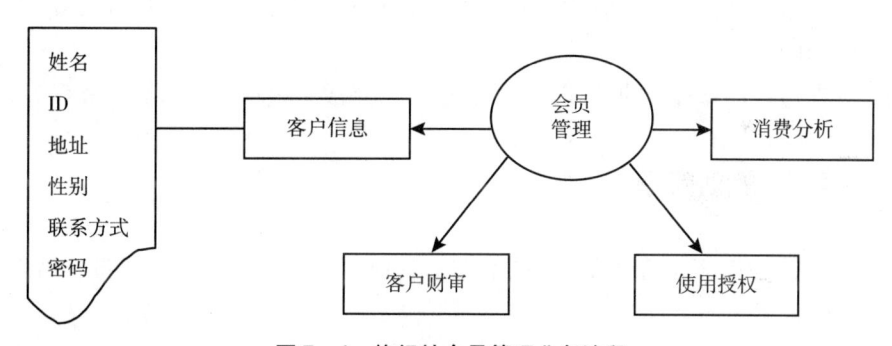

图 7-4　旅行社会员管理业务流程

客户满意度调查分析包括总体评价和具体评价，包括食、住、行、游、购、娱等。除满意度外，还要对客户的信任度、忠诚度进行分析，为企业经营提供支持数据。

互动平台具有社区功能，人工智能的运用是一个方向，虚拟旅游可以激发消费者的旅游欲望。定期发布的网络广告、友情链接可以拉近企业与消费者的感情；消费者的投诉、建议必不可少。

五、财务结算的业务流程

财务结算管理部门是旅行社的核心部门。主要的业务包括收付款结算、团队转款、团队结算及发票、资产管理，除此以外还有财务预算、成本控制等业务，如图 7-5 所示。

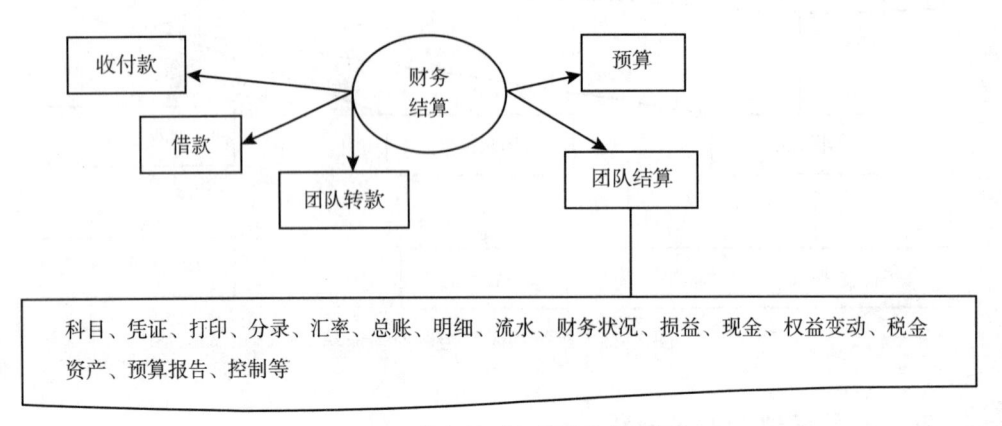

图 7-5 旅行社财务结算业务流程

财务结算部根据各业务部门送达的费用单和收入单做收入和支出现金或银行存款凭证；根据费用单或收入单制作收支凭证；根据业务内容做转账凭证；根据凭证记账，分别记日记账和明细账及总账。月底根据总账记各科目发生额，制作内部表和外部表。旅行社财务结算部的主要业务是账务处理与成本核算。

资产管理包括对资金、应收款、固定资产的管理。系统将实现与银行、往来单位、企业内部资产的管理。

预算管理包括预算报告的编制、预算监督、线路成本核算、团队成本核算等。

六、导游/领队管理

导游/领队管理系统包括导游/领队的基本资料、带团安排、带团质量、借款报销，如图 7-6 所示。

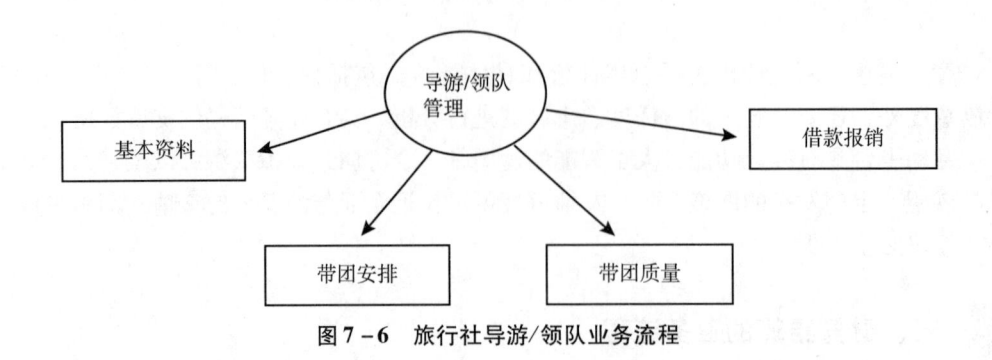

图 7-6 旅行社导游/领队业务流程

导游/领队信息除企业内部查询考核使用，应该能够让消费者查询到相关信息，让消费者挑选满意的导游/领队。导游/领队的姓名、编号、性别、级别、使用状态等需要载入。

七、系统管理

系统管理包括角色管理、用户管理、系统设置、权限管理、组织机构管理,如图7-7所示。

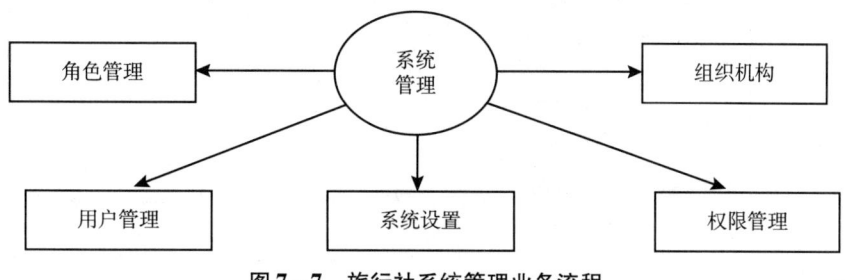

图7-7 旅行社系统管理业务流程

不同的角色权限不同,一般基层工作人员,具有密码修改权和对信息拥有添加、查询、修改的权限,管理层则只拥有密码的修改权、信息的审核权和查询权。不同的机构角色不同,权限也有很大不同。

总之,旅行社业务流程调查的目的在于摸清旅行社内外部物流、资金流、信息流的运行方向,在新系统设计中使其更加合理、实用、高效、安全、可靠、完整。根据企业需要、以往系统的经验等进行业务流程重组。

第二节 旅行社数据流程

一、数据流程图

数据流程图(Data Flow Diagram,DFD)是一种能全面地描述信息系统逻辑模型的主要工具,它可以用少数几种符号综合地反映出信息在系统中的流动、处理和存储情况。

常在编号之首冠以字母,用以表示不同的元素,可以用 P 表示处理,D 表示数据流,F 表示数据存储,S 表示外部实体(旅行社使用较少),具体如图 7-8 所示。

业务流程图是从业务入手,从与企业经营直接有关的机构开始,进行业务调查而形成的。数据流程图是业务流程图的数据抽象,它屏蔽了业务流程的物理背景而抽象出数据的特征,描述了数据在业务活动中的运动状况。

图 7-8 旅行社数据流程

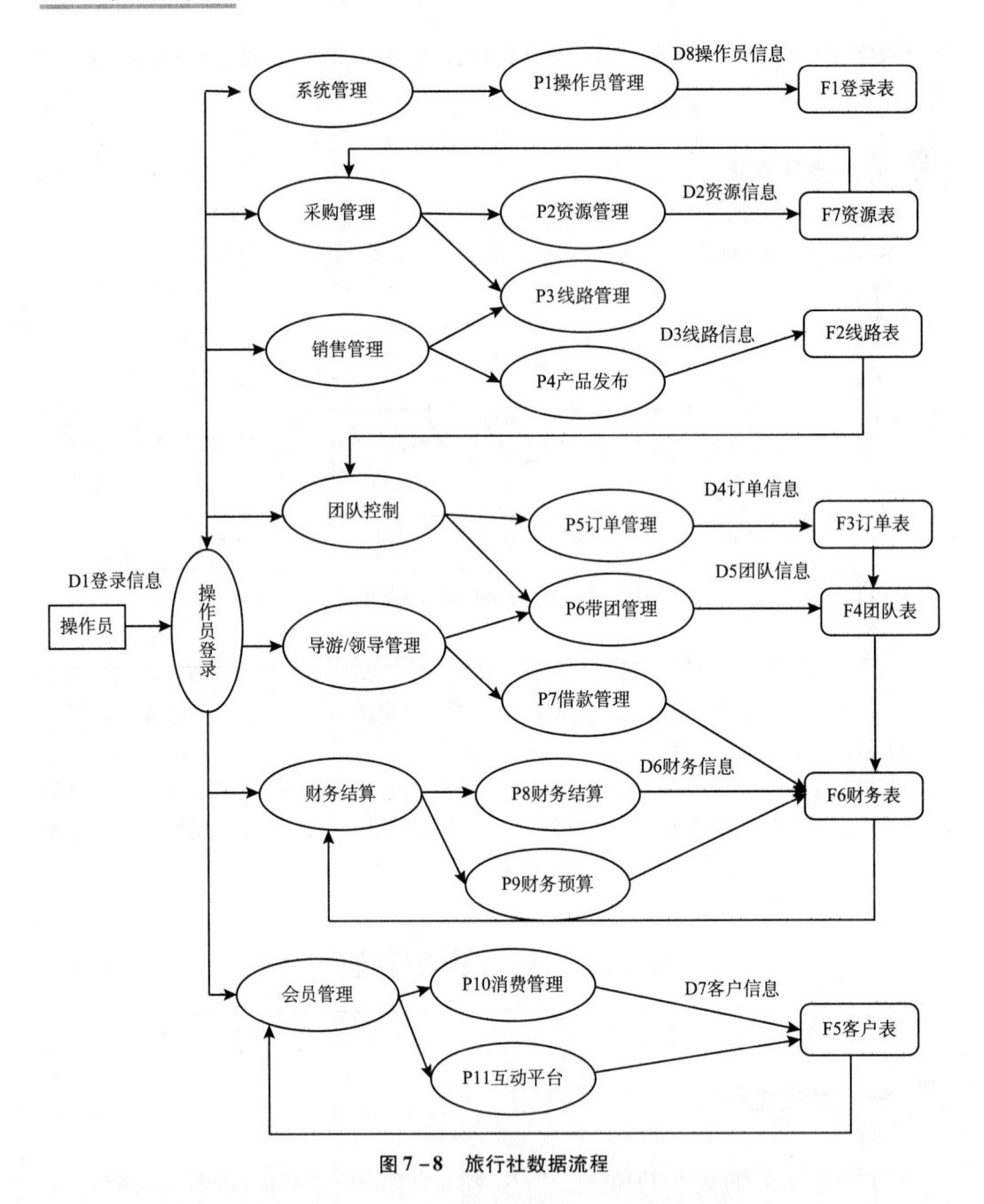

1. 在实际绘制过程中，要注意业务流程图和数据流程图的区别与联系①

（1）业务流程图和数据流程图的区别：首先是描述对象不同。业务流程图的描述对象是某一具体的业务；数据流程图的描述对象是数据流。将一项业务处理过程中的每

---

① 业务流程图和数据流程图的联系 [EB/OL]. 百度文库，https：//wenku.baidu.com/view/63880677f46527d3240ce063.html，2018.06.30.

一个步骤用图形来表示，并把所有处理过程按一定的顺序都串联起来就形成了业务流程图。数据流程图是对业务流程的进一步抽象与概括。数据流程图则主要是对企业信息流、资金流和物流中的信息流进行描述。其次是功能作用不同。业务流程图是一本用图形方式来反映实际业务处理过程的"流水账"。绘制出这本流水账对于开发者理顺和优化重组业务流程是很有帮助的。数据流程分析主要包括对信息的流动、传递、处理、存储等的分析，其目的是要发现和解决数据流通中的数据流程不畅、前后数据不匹配、数据处理过程不合理等问题，最终形成一个通畅的数据流程，作为今后新系统的数据流程。最后是绘制过程不同。业务流程图就是用一些规定的符号及连线来表示某个具体业务处理过程。它的绘制无严格的规则，只需简明扼要地如实反映实际业务过程。在绘制过程中一般也遵循"自顶向下"的原则。数据流程图的绘制方法较为复杂，它是按照"自顶向下，逐层求精"的方法进行的，也就是将整个系统当成一个处理功能，画出它和周围实体的数据联系过程，即一个粗略的数据流程图（顶层数据流程图），然后逐层向下分析，直到把系统分解为详细的低层次的数据流程图。

（2）业务流程图和数据流程图的联系。首先，业务流程图和数据流程图都是从流程的角度动态地去考察分析对象，都是用图形符号抽象地表示调查结果。其次，数据和业务的联系具体表现在：数据流是伴随着业务而产生的，它是业务过程的衍生物。最后，数据流程图与业务流程图存在一定的对应关系。由业务流程图可以导出数据流程图。有两种思路：一种是先按业务流程图理出业务流程顺序，然后将相应调查过程中所掌握的数据、表单分离出来，接下来考察数据的流向，加工处理过程和存储，把它们串起来就形成一张完整的数据流程图；另一种是从业务流程中分离出处理过程，再考察每一个输入数据和输出数据，将业务过程中所有的业务处理过程的输入、输出数据流进行有机的集成就形成了一个完整的数据流程图。

2. 绘制数据流程图的注意事项

（1）数据流程图的绘制一般是从左到右进行。从左侧开始标出外部实体，然后画出由外部实体产生的数据流，再画出处理逻辑、数据流、数据存储等元素及相互关系，最后在流程图的右侧直接画出接收信息的系统外部实体。（2）父图与子图的平衡。子图是对父图中处理逻辑的详细描述，因此父图中数据的输入和输出必须在子图中反映。父图与子图的平衡是数据流守恒原则的体现，即对每一个数据处理功能来说，要保证分解前后的输入数据与输出数据在数目上保持一致。（3）数据流至少有一端连接处理框。数据流不能直接从外部实体直接传送到数据存储，也不能从数据存储直接传送到外部实体。（4）数据存储输入/输出协调。数据存储必定有输入数据流和输出数据流，缺少任何一个则意味着遗漏了某些加工。（5）数据处理流入/流出协调。只有流入没有流出，则数据处理无须存在；只有流出没有流入的数据处理不可能满足。（6）合理命名准确编号。对于数据流程图的基本元素进行编号，这样有利于编写数据字典及方便系统设计人员和用户的阅读与理解。

二、数据字典

(一) 数据字典的相关内容

数据字典是指对数据的数据项、数据结构、数据流、数据存储、处理逻辑、外部实体等进行定义和描述,其目的是对数据流程图中的各个元素做出详细说明,使用数据字典为简单的建模项目。简言之,数据字典是描述数据的信息集合,是对系统中使用的所有数据元素定义的集合。

(1) 数据项。数据项是数据流图中数据块的数据结构中的数据项说明,是不可再分的数据单位。数据项的描述包括:数据项名、数据项含义说明、别名、数据类型、长度、取值范围、取值含义、与其他数据项的逻辑关系[①]。

(2) 数据结构。数据结构是数据流图中数据块的数据结构说明,反映了数据之间的组合关系。数据结构的描述包括:数据结构名、含义说明、组成——数据项或数据结构[②]。

(3) 数据流。数据流是数据流图中流线的说明,是数据结构在系统内传输的路径。数据流的描述包括:数据流描述、数据流名、说明、数据流来源、数据流去向、组成——数据结构、平均流量、高峰期流量[③]。

(4) 数据存储。数据存储是数据流图中数据块的存储特性说明,是数据结构停留或保存的地方,也是数据流的来源和去向之一。数据存储的描述包括:数据存储名、说明、编号、流入的数据流、流出的数据流、组成——数据结构、数据量、存取方式[④]。

(5) 处理过程。处理过程是数据流图中功能块的说明,数据字典中只需要描述处理过程的说明性信息。通常包括:处理过程名、说明、输入数据流、输出数据流、处理——简要说明[⑤]。

(二) 数据字典应用举例

下面是数据字典在旅行社管理信息系统设计时的应用举例。

1. 数据项字典举例

数据项编号:F1

数据项名称:订单

简述:订购产品的单据

类型及宽度:文本型、50

[①②③④⑤] 数据字典 [EB/OL]. 360百科, https://baike.so.com/doc/2241827 - 2371998.html.

2. 数据结构字典举例

数据结构编号：F2

数据结构名称：旅客数据

简述：旅客所填旅客资料及对订单进行标识等信息

数据结构组成：订单标识、旅客资料

3. 数据流字典举例

数据流编号：F3

数据流名称：旅客数据

简述：统计旅客的资料，数据

数据流来源：P1.1.2

数据流去向：D2

数据流组成：旅客资料

数据流量：10份/小时

高峰流量：20份/小时（上午9：00～11：00）

4. 处理逻辑字典举例

处理逻辑编号：P1.1.1

处理逻辑名称：编辑订单

简述：对于旅客的订单进行编辑

输入的数据流：F1

处理：根据旅客填写的资料经过员工的整理及营运商文件对订单进行编辑

输出的数据流：F4

处理频率：对每个用户每月处理一次

5. 数据存储字典举例

数据存储编号：D1

数据存储名称：旅客资料库

简述：用于编辑顾客资料并整理成库

数据存储组成：标识、顾客细节

关键字：资料

相关联的处理：P1.1

6. 外部实体字典举例

外部实体编号：S4

外部实体名称：员工

简述：参与旅行社工作的工作人员

输入的数据流：F8

输出的数据流：F1

第三节 旅行社数据库设计

一、系统代码设计

代码设计是旅行社管理信息系统设计的一个重要阶段。代码是用来表征客观事物的一组有序的符号，以便易于计算机和人工识别与处理。代码一般有数字型、字母型、数字字母混合型等类型。代码设计应该遵循唯一性、合理性、可扩充性、适用性、规范性、系统性等基本原则。在代码设计时，可以按照确定代码对象；考察是否已有标准代码；根据代码的使用范围、使用时间，根据实际情况选择代码的种类与类型；考虑检错功能；编写代码表五个步骤进行。下面是旅行社的代码设计举例。

1. 旅行社员工代码

部门拼音简称＋职位编号（从0开始到9，职位由高到低依次排列，最高管理者为0）＋进公司的年份＋同部门同级编号

例：

财务部会计：CW204017

计调部外联：JT4070802

2. 旅游项目代码

项目－项目拼音简称＋同项目编号－项目人数

例：18人的中包价旅游：Item－xbj01－018

3. 旅游交通代码

交通公司简称－交通工具简称＋工具编号－司机编号

例：大众交通公司，大巴，司机王师傅：DZ－bus039－133

4. 旅游接待地住宿代码

住宿地点简称－住宿时间－房间数

例：喜达屋预定18间6天房间：XDW－time06－room18

5. 旅游路线代码

起始地简称→各个目的地简称－停留时间

例：上海到临安3日游：Shanghai→LingAn－03

二、数据库设计

为了建立冗余较小、结构合理的数据库，设计数据库时必须遵循一定的规则。在实

际开发中最为常见的设计有三个范式①。

1. 第一范式（确保每列保持原子性）

第一范式是最基本的范式。如果数据库表中的所有字段值都是不可分解的原子值，就说明该数据库表满足了第一范式。第一范式的合理遵循需要根据系统的实际需求来定。比如某些数据库系统中需要用到"地址"这个属性，本来直接将"地址"属性设计成一个数据库表的字段就行。但是如果系统经常会访问"地址"属性中的"城市"部分，那么就非要将"地址"这个属性重新拆分为省份、城市、详细地址等多个部分进行存储，这样在对地址中某一部分操作的时候将非常方便。这样设计才算满足了数据库的第一范式，如表 7－1 所示。

表 7－1　　　　　　　　　　　　用户信息表

编号	姓名	性别	年龄	联系电话	省份	城市	详细地址
1	王某	女	27	0471－1234567	内蒙古	呼和浩特	新城区 52 号

表 7－1 所示的用户信息遵循了第一范式的要求，这样在对用户使用城市进行分类的时候就非常方便，也提高了数据库的性能。

2. 第二范式（确保表中的每列都和主键相关）

第二范式在第一范式的基础之上更进一层。第二范式需要确保数据库表中的每一列都和主键相关，而不能只与主键的某一部分相关（主要针对联合主键而言）。也就是说在一个数据库表中，一个表中只能保存一种数据，不可以把多种数据保存在同一张数据库表中。比如要设计一个订单信息表，因为订单中可能会有多种商品，所以要将订单编号和商品编号作为数据库表的联合主键，如表 7－2 所示。

表 7－2　　　　　　　　　　　　订单信息表

订单编号	商品编号	商品名称	数量	单位	价格	客户	所属单位	联系方式
001	1	旅游大巴	1	辆	50 万元	张某	某旅行社	0471－1234567

这样就产生一个问题：表 7－2 中是以订单编号和商品编号作为联合主键。这样在该表中商品名称、单位、商品价格等信息不与该表的主键相关，而仅仅是与商品编号相关。所以在这里违反了第二范式的设计原则。而如果把这个订单信息表进行拆分，把商品信息分离到另一个表中，把订单项目表也分离到另一个表中，就非常完美了。如表 7－3、表 7－4、表 7－5 所示。

---

① 通俗易懂的数据库设计三大范式［EB/OL］. WEB 开发者，http：//www.admin10000.com/document/988.html，2012.09.21.（有删改）

表 7-3 订单信息表

订单编号	客户	所属单位	联系方式
001	张某	某旅行社	0471-1234567

表 7-4 订单项目表

订单编号	商品编号	数量
001	1	1

表 7-5 商品信息表

商品编号	商品名称	单位	价格
1	旅游大巴	辆	50 万元

这样的设计在很大程度上减小了数据库的冗余。如果要获取订单的商品信息，使用商品编号到商品信息表中查询即可。

3. 第三范式（确保每列都和主键列直接相关，而不是间接相关）

第三范式需要确保数据表中的每一列数据都和主键直接相关，而不能间接相关。比如在设计一个订单数据表的时候，可以将客户编号作为一个外键和订单表建立相应的关系。而不可以在订单表中添加关于客户其他信息（比如姓名、所属公司等）的字段。如表 7-6、表 7-7 所示的设计就是一个满足第三范式的数据库表。

表 7-6 订单信息表

订单编号	订单项目	负责人	业务员	订单数量	客户编号
001	旅游大巴	郭某	刘某	1	1

表 7-7 客户信息表

客户编号	客户名称	所属公司	联系方式
1	孙某	某旅行社	0471-1234567

这样在查询订单信息的时候，就可以使用客户编号来引用客户信息表中的记录，也不必在订单信息表中多次输入客户信息的内容，减小了数据冗余。

图 7-9 是旅行社的数据库设计举例。

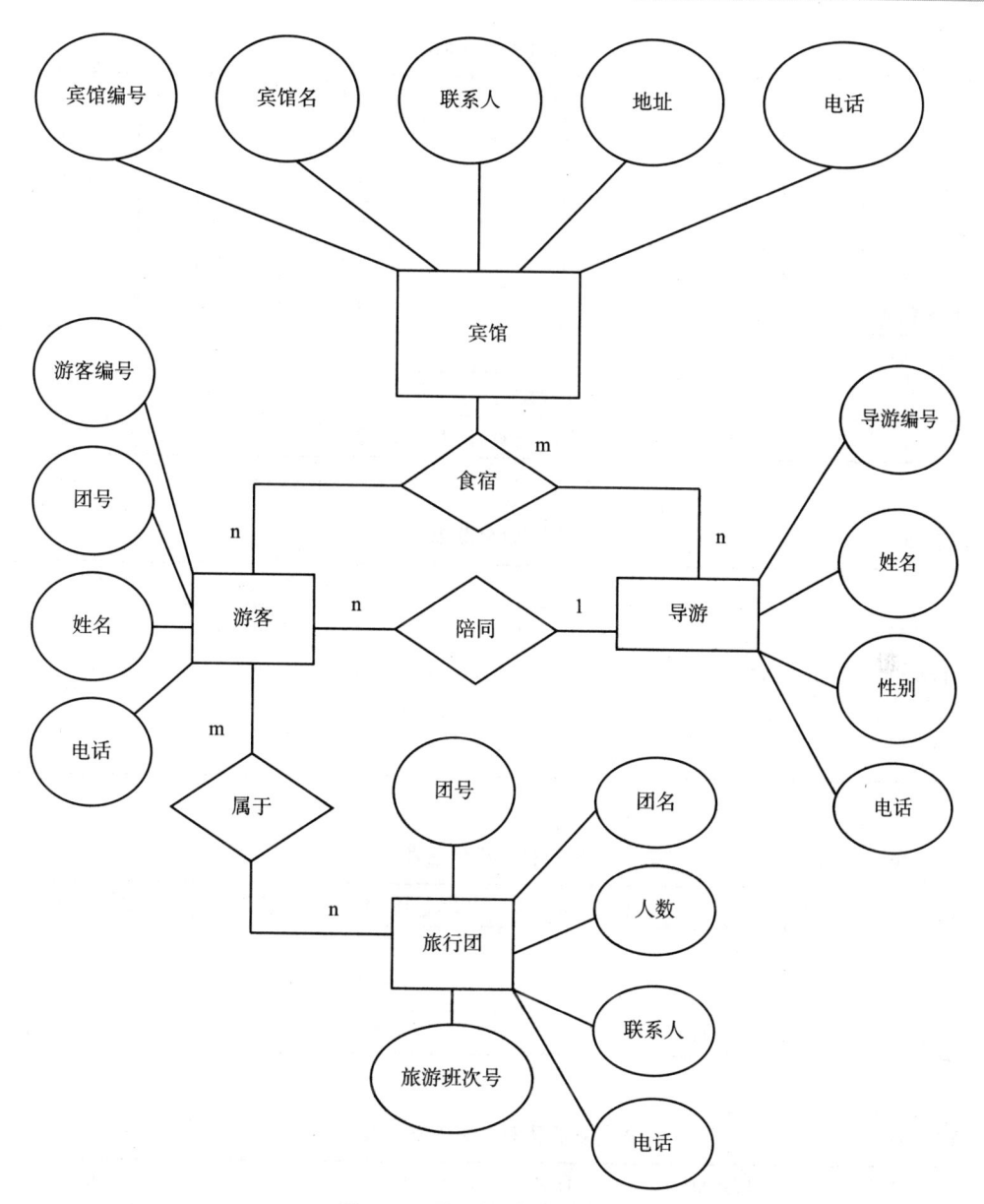

图 7-9　旅行社数据库示例图

三、输入设计

输入设计对系统的质量有着决定性的重要影响。输入设计是信息系统与用户之间交互的纽带，决定着人机交互的效率。输入数据包括数据规范和数据准备的过程，是系统的重中之重。表 7-8、表 7-9、表 7-10、表 7-11 是本系统的输入设计举例。

表7-8　　　　　　　　　　　　　旅行社人事调动单

旅行社人事调动单____年____月____日

人员代码	姓名	部门	基本工资（元）	附加工资（元）	房费（元）	备注
A06432121	陈某	7	2800	400	650	0
B46797947	李某	3	3000	800	900	1
C46987986	沈某	4	1800	200	300	0
D04679754	杨某	5	2500	300	400	1
E49797697	武某	6	2200	500	550	1

主管签字_____

备注栏：0——调离　1——新进

表7-9　　　　　　　　　　　　　旅行社外联单

人员代码	姓名	部门	外联事务	联系电话	备注
F15789656	小张	1	接待来访	13149566583	0
G46595614	小李	2	接机及火车	13656259534	1
H49865355	小王	3	酒店预订	15923676564	1

备注栏：0——公休　1——在职

表7-10　　　　　　　　　　　　旅行社行程信息表

组团号码	20090518007	出行日期	2018.5.18	归来日期	2018.5.21
出门地点	上海—临安				
交通费用	800元	预支款项		交通、住宿	
后期款项	景点门票、保险费等				

表7-11　　　　　　　　　　　旅行社组团单（临安三日游）

组团单号	20090518007		组团日期	2018-5-18	旅行社	×旅行社
团队系列号	007A17B		出游目的地	0518上海至临安		
计量单位	人	编号	001-001	团队编码	090518	规模型号	S001
计划数量（人）	10		实发数量（人）	10	团队名称	临安三日游
账面单价（元）	500.00		账面总价（元）	40000.00	发票字号	
结算单价（元）	500.00		结算总价（元）	40000.00	合同编码	
交通费（元）	800.00		住宿费（元）	1000.00	景区收费（元）	800.00
保险费（元）	800.00		地陪费（元）	600.00	其他（元）	400.00
开户银行	***********		账号	*****	有无附件	N
备注	旅行社组团临安游账		总计金额（元）		44400	

注：表7-11中"计量单位"行存在多列结构。

四、输出设计

输出是系统产生的结果或提供的信息。对于大多数用户来说,输出是系统开发的目的和评价系统开发成功与否的标准。根据对旅行社业务的深入研究以及对旅行社管理信息系统的综合考虑,我们对输出进行了设计。

在旅行社中,接待部负责接待到旅行社报名参加旅行团的游客并审核游客的基本信息,除此之外,它还负责旅行社最核心的工作——导游工作。因此,接待部需要旅游者信息登记表、旅行团信息表、车辆申请表。

旅游者信息登记表包括:旅游者的姓名、性别、年龄、住址、联系方式、爱好、参加的旅行团、过敏的药物和食品、备注。表7-12、表7-13是我们针对旅游者信息登记表输出进行的举例。

表7-12　　　　　　　　旅游者信息登记表的输出设计书

资料代码	YK-01	输出名称	旅游者信息登记表		
处理周期	每天一次	形式	表格式打印表	种类	0-001
份数	1	报送	接待部		
项目号	项目名称	位数及编辑	备注		
1	姓名	X(12)			
2	性别	X(2)			
3	年龄	X(3)			
4	住址	X(30)			
5	联系方式	X(12)			
6	参加的旅行团	X(10)			
7	过敏的药物和食品	X(20)			

表7-13　　　　　　　　旅游者信息登记表

编号	姓名	性别	年龄	住址	联系方式	参加的旅行团	过敏的药物和食品
1	王某	男	23	呼和浩特市新城区某小区1栋101室	0471-1234567	内蒙古中青旅	无

练习思考题

一、名词解释

旅行社业务流程图

旅行社数据流程图

数据字典

系统代码

二、简答题

1. 简述旅行社管理信息系统业务流程图和数据流程图的区别与联系。
2. 简述旅行社管理信息系统数据库设计的三种范式。
3. 旅行社管理信息系统的总体设计包含哪些内容？
4. 如果你是旅行社的总经理，你认为应该如何设计经理查询子系统的功能结构？该子系统应提供哪些信息为总经理管理决策所用？

三、论述题

请根据本章案例说明旅行社管理信息系统开发设计应考虑哪些问题？

四、绘图及案例分析题

1. 旅行社组团报价的业务过程为：根据境外旅行社预报的中国境内旅游线路和旅游日期进行预算，将报价寄回境外旅行社；境外旅行社同意方案后，编制旅游计划，下发到旅游线路上的各个旅行社；将报价及团队人数报组团中心进行核算。请画出旅行社组团报价的数据流程图。

2. 请根据本章×旅行社的具体情况，提交一份实验报告。

实验报告提交要点：

（1）背景。

（2）现行业务状况、存在的问题。

（3）说明项目开发的目标和约束。

（4）项目的可行性分析。

（5）拟采用的信息系统的方法。

（6）项目小组的角色分配。

（7）项目开发过程时间进度、人员、资金安排。

3. 案例分析：A旅行社的信息化建设

A旅行社自2000年10月起，结合旅行社的业务特点和操作流程，对信息化建设作出了战略性规划，并积极付诸实施，现已初具规模，从门户网站到内部局域网，从日常发布通知、召集开会到导游培训、个人年终总结，从团队操作、散客报名、多级审核审批、团队质量反馈，旅行社日常事务基本可以依托网络完成。其功能系统主要包含"车务管理子系统""散客管理子系统""资金日报子系统""收支曲线子系统""团队操作子系统"等专用功能模块和"A邮件""A论坛""A信息""新品发布""员工档案""客户信息""反馈意见"等普通功能模块。

信息化建设投资巨大，见效不明显，很多以追求"短、平、快"为目标的旅行社都不愿、不舍得投入这项工作，A 旅行社为什么这么做，其积极推行旅行社信息化建设的诉求何在？

首先，通过信息化管理来实现高层对员工的管理和控制。推进信息化建设，利用 A 内部管理软件将旅行社的财务账目、产品采购和产品销售等各项活动及时数据化、透明化，利用软件的制约性大大减少了员工在这些环节上可能犯下的错误。以团队操作为例，计调人员必须将每一个团队的客户名称、联系人、团款多少、用什么车、导游情况等详细信息等都输入到电脑中，否则就领不到团旗、预付款等而无法成团。这样就实现了高管层对员工的有效管理，避免了其他很多旅行社被计调和票务操纵的局面。

其次，信息化系统为管理者进行企业决策提供了量化依据。管理者可以通过信息化系统对客户、对产品、对财务进行统计分析，找出薄弱环节，预测市场走向，从而做出科学的决策。

最后，可以提高办事效率。通过内部管理软件再造旅行社业务流程，摒弃了很多原来低效重复的环节，使得整个企业进入社会化大生产阶段，并将大生产观念贯彻到流程各个环节，使其产生倍增效益，从而大大提高了企业的办公效率。

除此之外，通过信息化管理还可以达到减少办公耗材、降低经营成本、利于员工沟通交流、树立企业品牌、提高知名度的目的。

请分析：

（1）你认为旅行社信息系统主要包括哪些功能？

（2）信息化建设对旅行社发展具有积极意义，那么为何众多旅行社在信息化浪潮面前犹豫不前？

（3）A 旅行社的信息化建设对我国旅行社行业有何启示？

参 考 文 献

[1] 游天地"六合一"旅行社信息化解决方案 [EB/OL]. 游天地官网, http：//www. youtiandi. com/book1. aspx.

[2] 业务流程图和数据流程图的联系 [EB/OL]. 百度文库, https：//wenku. baidu. com/view/63880677f46527d3240ce063. html, 2018 – 6 – 30.

[3] 数据字典 [EB/OL]. 360 百科, https：//baike. so. com/doc/2241827 – 2371998. html Ruthless.

[4] 通俗易懂的数据库设计三大范式 [EB/OL]. WEB 开发者, http：//www. admin10000. com/document/988. html, 2012 – 9 – 21.